JN108541

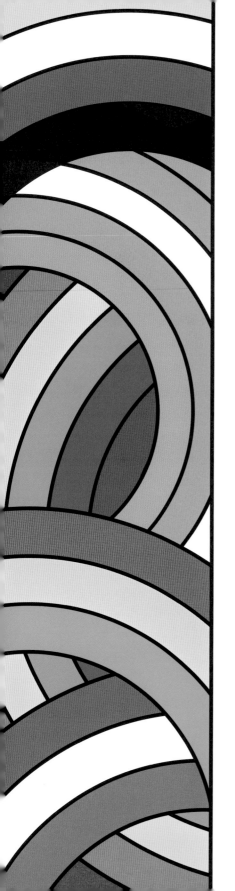

HAVE PRIDE

ハヴ・プライド

生きる！愛する！

LGBTQ+の2300年の歴史

ステラ・A・コールドウェル 著

スー・サンダース アドバイザー

櫛田理絵 訳

合同出版

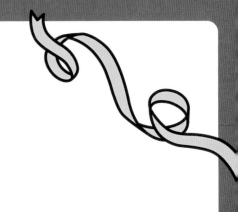

【資料提供】

Alamy: /Everett: 62; /Pictorial Press: 16
Getty Images: /Bettmann: 68; /FPG: 33; /Fairfax Media: 80; /Eugene Gordon/New York Historical Society: 79;
/Historical: 39; /Pete Hohn/Star Tribune: 95; /Steve Liss/The LIFE Images Collection: 89; /Victor Moriyama: 71下;
/Pictorial Press: 23; /Russell: 37; /ullstein bild: 34
Library of Congress Prints and Photographs: 32
Public Domain: 24
Shutterstock: 51, 107上; /AP: 59, 87, 100, 113; /Aflo: 98; /Evan Agostini/Invision/AP: 103; /Piers Allardyce: 88; /
Louisa Buller/AP: 91; /Colorsport: 101下; /Gianni Dagli Orti: 13; /Salvatore Di Nolfi/EPA-EFE: 104; /Everett: 47, 52; /
Jenny Goodall/ANL: 66; /Ink Drop: 9; /Kadena Uk/Mcp: 97下; /Kobal: 77; /Justin Lane/EPA: 99; /Moviestore: 107下; /
Georgia O'Callaghan: 101上; /Anna Partington: 114; /Nina Prommer/EPA-EFE: 102上; /Ellis Rua/AP: 116; /Marcio Jose
Sanchez/AP: 48; /Morgan Sette/EPA-EFE: 97上; /Snap: 40; /Iain Statham/Sipa: 71上; /Amy Sussman: 102B; /L J Van
Houten: 90
Smithsonian Institution: /National Museum of American History: 92
YellowBelly: 7

p.118のモノローグの著作者人格権は、ムハンマド・バーバーが有する。

本書に掲載の写真につきましては、その出処および著作権者の正確な把握と確認に万全の注意を払っていますが、
意図しない誤りや漏れにつきましては、今後の改訂版において修正させていただきます。

HAVE PRIDE
by Stella Caldwell, Foreword by Layton Williams
Text, design and illustration ©Welbeck Children's Limited, part of Welbeck Publishing Group
Foreword on page 7 ©Layton Williams 2020
Japanese translation published by arrangement with Welback Publishing Group Limited through The English Agency
(Japan) Ltd.

HAVE PRIDE

ハヴ・プライド

生きる！ 愛する！

LGBTQ+の2300年の歴史

もくじ

まえがき　レイトン・ウィリアムズ 7

はじめに　スー・サンダース 8

はるか昔からいたLGBTQ+の人びと 10

手がかりを読み解く 12

　アン・リスター　16

年表　LGBTQ+の迫害の歴史（～1900年） 18

非難の目をかいくぐって 20

　オスカー・ワイルド　24

自分にとってのプライドとは　デア・ウローヴィ 26

変化の兆し 28

LGBTQ+の権利の誕生 30

　リリー・エルベ　34

反動の1930年代 36

　マレーネ・ディートリッヒ　40

自分にとってのプライドとは　アヨ・ババトープ 42

転換点 44

変化のうねり 46

　オードリー・ロード　52

自分にとってのプライドとは　ムペラ・ムンバ 54

プライドの誕生 56

はじまった抵抗 58

　マーシャ・P・ジョンソン　62

声を上げよう 64
ハーヴェイ・ミルク　68
世界のプライド・パレード 70
自分にとってのプライドとは　**シェリナ** 72

激震 74
不安と嫌悪 76
ヴィト・ルッソ　80
自分にとってのプライドとは　**アレックス・ホールズワース** 82

ものかげから出て 84
逆境を乗り越え前へ 86
マシュー・シェパード　92
平等を目指して 94
クリスティーヌ・アンド・ザ・クイーンズ　104
LGBTQ+文化の足跡 106
自分にとってのプライドとは　**エズラ・リー** 108

今も続く闘い 110
今日のLGBTQ+ 112
マリエル・フランコ　116
自分にとってのプライドとは　**ムハンマド・バーバー** 118
年表　**LGBTQ+の権利のあゆみ** 120

［日本語版特別寄稿］自分にとってのプライドとは　Aisho Nakajima　124
用語解説　128
さくいん　130
もっと知りたい人のために　133

まえがき
レイトン・ウィリアムズ

俳優

　この本を読めるの、すごく楽しみにしてたんだ。だって、LGBTQ+は、若い世代が知っておくべき、大切なテーマだからね。みんながみんな、LGBTQ+の人たちが経験したような大変な目にあうわけじゃないだろうけど。

　この本を読むまで、LGBTQ+の歴史のことならなんでも知ってるつもりでいたけど……、これが大まちがい！　この本には知らないことがいっぱいのっていて、とにかく勉強になる。気づいたら、読みながらネットでずっと検索してたよ。この本に出てくるすごい人たちのことをもっと知りたくてね。こういうこと、もっと早くに知っていたら、ぼくらのために道を切り開いてくれたクイア*¹なヒーローたちに、もっと感謝しただろうな。

　そして考えた。自分にもまだなにかできることがあるんじゃないかって。これまでにも、慈善団体のストーンウォール*²やダイバーシティ・ロールモデルズ*³といっしょにワークショップをやったり、学校で講演したりしてきたけど、この本を読んだら、また学校に行きたくてうずうずしてきたよ。もっとたくさんの子どもたちに興味を持ってもらいたくってね。

　この本のおかげで将来への希望もわいてきた。世界じゅうでLGBTQ+が認められるまでには、まだ先は長いけど、ここまで来るのだってずいぶん長い道のりだったんだ。その道のりをこの本が照らし出してくれている。

**　みんなも、ありのままの自分に誇り<ruby>プライド</ruby>を持とう。そして愛したい人を愛し、自分らしく生きることを恐れない人たちの勇気をたたえよう。**

*1　英語で「風変わりな」という意味で、今では、性的少数者全体を包括する用語として使われている。

*2　LGBTQ+の権利運動や当事者へのサポート、情報提供などをおこなうヨーロッパ最大のLGBT擁護団体。

*3　教育を通じ、多様性を大切にする心を育むことを目指す団体。

はじめに

スー・サンダース

スクールズ・アウト UK共同代表
LGBT歴史月間の提唱者

　今、みなさんが手にしているこの本は、若い人たちにとても大切なことを伝えています。社会にはLGBTQ+の人びとがいて、さまざまな貢献をしていることは、ずいぶん長いあいだ、ひた隠しにされてきました。この本では、そうしたLGBTQ+の人びとの歴史の断片を紹介しています。

　私はこれまで40年以上にわたり、だれもが、とくに学校で、LGBTQ+の歴史にもっと親しめるよう、さまざまな場で活動してきました。熱心なボランティアの人たちの力を借りながら、学校の先生たちが偏見について教えられるような教材をつくり、LGBTQ+の人たちみんなが安心して堂々と前に出ていけるように取り組んできました。とはいえ、この本をお読みになればわかるように、こうした活動は、今も昔も簡単ではありません。私たちを差別し、だまらせようとする圧力は今も残っているのです。
　2004年、イギリスでLGBT歴史月間がスタートしました。これは、学校の先生や子どもたち、さらにはすべての人たちが、LGBTQ+の人たちがなしとげてきたことを振り返り、たたえる機会になっています。スタート以来、図書館や大学、博物館など、さまざまな団体や機関が、所蔵するコレクションや研究を広く分かち合おうとイベントを開催していて、その数は年々増え続けています。LGBTQ+の人たちは、ずいぶん長いあいだヘテロセクシュアル（異性愛者）として扱われ、その存在の肝心な部分が無視されてきました。LGBTQ+の人たちがいつの時代にもいて、さまざまな分野で歴史的に重要な役割を果たしてきたことが否定され続けてきたのです。

★ この本は入門書で、すべての事象をカバーしているわけではありません。この本を出発点に、さらに知識を広げていってください。今日では、情報源もたくさんあって、インターネットを使えば、いくらでも調べることができます。この本が案内する歴史の旅を楽しみつつ、まだ埋もれている物語をぜひ見つけ出してください。そしてその物語を、今度はみなさんが広め、もっと身近なものにしてくれることを心より願っています。

【NOTE】
　時代とともに、言葉は進化し、私たちのコミュニティの呼び名も変わってきました。今日ではもっと多くの人たちをカバーできるように、LGBT+という呼び名を用いる人もいますが、この本ではLGBTQ+と呼んでいます。レズビアン（L）、ゲイ（G）、バイセクシュアル（B）、トランスジェンダー（T）、そしてクエスチョニング（Q）またはクイア（Q）の頭文字を取ったものです。さらに、+（プラス）を加えたのは、ノン・バイナリー*1やジェンダークイア*2、インターセックス*3、パンセクシュアル*4、エイセクシュアル*5など、さらに幅広いアイデンティティの人を包摂できるようにするためです。「クイア」という呼び方は、過去には侮辱の言葉として用いられたこともあるので、使い方には注意が必要ですが、侮辱を受け苦しむ人たちの行動があるからこそ、侮辱的な言葉も、肯定的なものへと生まれ変われるのです。しかし、アクションを起こすことが苦手だという人もいます。どんな名称で呼んだらいいか迷ったら、相手にたずねてみてください。

＊1　性自認や性表現において、男女という二分された性別にあてはまらない人。
＊2　社会的・文化的な性規範に基づかない性自認、性表現、性指向（セクシュアル・オリエンテーション）を選択する人。
＊3　身体的な性が男性・女性の中間にあるか、どちらとも一致しない状態にある人。
＊4　あらゆるジェンダーを性指向の対象とする人。
＊5　だれかに性的に惹かれることのない人。

レインボー・フラッグは、
LGBTQ+の人たちのプライドのシンボル。

はるか昔からいた
LGBTQ+の
人びと

LGBTQ+の歴史は、人類の歴史とおなじだけの長さがあります。ただし、同性愛の受け止め方は、時代によってさまざまでした。同性愛が当たり前で、さらには同性愛をたたえる文化や社会もありました。しかし、それは長い歴史のほんの一部に限られ、多くの場合、同性愛には恥辱とスキャンダルがついて回りました。

　　LGBTQ+の歴史といっても、簡単に調べられるものではありません。LGBTQ+の人たちの発言、行動が記録されることがほとんどなかったため、LGBTQ+の人たちに関する歴史文献の数が少ないからです。そこで歴史研究者たちは、できるかぎり手がかりになりそうなものをあさっては、集めた証拠から言外の意味を読み取り、こうではなかったかと推測するしかありませんでした。

手がかりを
読み解く

「ホモセクシュアル（同性愛者）」や「バイセクシュアル（両性愛者）」
「トランスジェンダー」といった言葉が聞かれるようになったのは、わり
と最近のことですが、言葉が新しいからといって、今までいなかったと
いうわけではありません。はるか昔から世界中でLGBTQ+の人たちは、
それぞれの役割を果たし、歴史にその名を刻んでいます。

　古代文明の時代にも同性愛者がいたことをうかがわせる証拠が残っています。古代ギリ
シャを制服した有名なアレキサンダー大王（紀元前356〜323年）も、バイセクシュアルだ
ったと考えられています。また、ローマ帝国のハドリアヌス帝（紀元76〜138年）は、青年
アンティノウス（帝の愛人だったといわれる）が溺死したとき、ひどくうろたえ、のちに創
建したエジプトの都市に、彼をしのんでアンティノオポリスと名づけたほどでした。古代
でもっとも偉大な女流詩人といわれるサッフォー（およそ紀元前610〜570年）は、年下の
女性への恋愛感情について書き残しています。「レズビアン」という言葉は、サッフォーが
生まれたギリシャのレスボス島に由来しています。
　LGBTQ+は神話の中にも登場します。古代ギリシャの神ゼウスは、トロイアの王子ガニ
ュメデスに夢中になるあまり、オリンポス山での給仕役として自分のそばに置き、ついに
は水瓶座の星々に加えます。またインドの古いヒンドゥー教の経典には、神々や女神たち
が性を変えたり、同性同士で性交渉したりする話が出てきます。また中国の伝説にも、漢
王朝の哀帝が、ガウンの袖の上で眠ってしまった愛人の董賢を起こさないよう、ガウンの
袖を切り落としたという話が出てきます。さらに、『日本書紀』にも、小竹祝（シノノハフ
リ）と天野祝（アマノハフリ）という神官が、日本最古の同性愛者として記述されています。

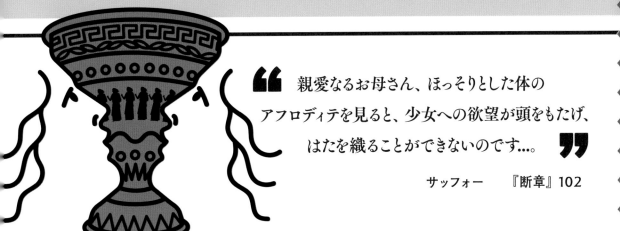

同性愛は、古代ギリシャ美術では
おなじみのモチーフ。

本人の「カミングアウト」がないかぎり

　性について、大昔の人たちは、今の私たちとはちがったとらえかたをしていたと思われます。性が話題になることはまれで、当たり前のことですが、使う言葉も今とはちがっていました。「ホモセクシュアル（同性愛者）」「ヘテロセクシュアル（異性愛）」という言葉が書物に登場するのは、1892年にドイツ語から英語に翻訳された性行為についての本、『性の精神病理』が最初です。12世紀以前には、LGBTQ+の人たちの生活について記録したものはほとんど残っていません。実際に「カミングアウト」したわけではなく、自分で「ホモセクシュアル」「ヘテロセクシュアル」だと名乗ったわけでもない人のことを、こういった言葉で安易に呼ばないよう注意が必要です。

> 親愛なるお母さん、ほっそりとした体の
> アフロディテを見ると、少女への欲望が頭をもたげ、
> はたを織ることができないのです...。

サッフォー　　『断章』102

昔からLGBTQ+の人たちが存在したと、歴史学者たちはなにをもって判断しているのでしょうか？　その一つが、LGBTQ+を迫害するためにつくられた、きびしい法律や懲罰の存在です。

13世紀から14世紀にかけて、ヨーロッパでは同性愛への反発が急に強まり、同性愛を犯罪とする法律もつくられます。その理由はさまざまですが、政治的な意図と宗教上の教えの両方が関係していました。1533年にイギリスで制定されたバガリー法（「ソドミー法」ともいう）では、「ソドミー（同性間、主に男性間性交為）」は「神の意思にそむく不自然な性行為」とされ、絞首刑の対象になりました。

女性同士の場合については、イギリスでもアメリカでも、法律で取り締まられこそしませんでしたが、だからといって世間に受け入れられていたわけでは

> 全知全能の神にひたすら祈ります。
> 私のこの早すぎる死が、
> 私とおなじ道を歩む人たちへの警告となりますように。
> ああ、私の恥ずべき死をもって、
> このいまわしい犯罪に終止符が打たれんことを！
>
> トーマス・マイヤーズ
>
> 1812年、イングランドで、
> トーマス・クロウと
> 「不自然性交」を行なった罪で
> 絞首刑になったマイヤーズの
> 最期のことば。

ありません。もちろん、法律があるからといって、LGBTQ+の人たちの気持ちを止められるわけもなく、ただ、同性愛者に対する人びとの冷たい視線や、ひどい目にあうかもしれないという恐れから、たいていのLGBTQ+の人たちは、本来の自分を否定し、恥と恐怖にさいなまれながら、ひっそりと暮らしていました。

歴史学者のなかには、レオナルド・ダ・ヴィンチ（1452〜1519年）やウィリアム・シェイクスピア（1564〜1616年）といった歴史上の人物も、ゲイまたはバイセクシュアルだったかもしれないという説を唱える人もいます。たしかにダ・ヴィンチは1476年にソドミーの罪に問われましたが、結局、起訴は取り下げられています。シェイクスピアは、当時「美男子」としてほまれ高かった人物にあてて数多くのソネット（14行の定型詩）を書いています。有名な詩に、"Shall I compare thee to a summer's day"＊がありますが、研究者によって見解はさまざまで、結論づける前に文献を精査することが必要でしょう。

＊「きみを、夏の日にたとえてみようか」（p.15参照）

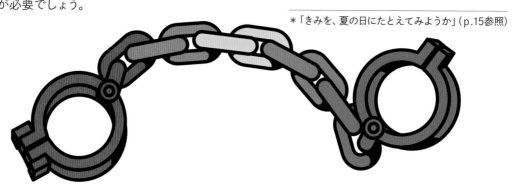

> きみを、夏の日にたとえてみようか？
> きみの方がはるかに美しく、おだやかだ。
> 五月のはげしい風は、可憐な花のつぼみをふるわせ、
> しかも夏の命は、あまりに短い。

ウィリアム・シェイクスピア　『ソネット』18番

2つの魂を持つ人びと

　北アメリカの先住民族の社会には、長いあいだ「2つの魂を持つ人びと」と呼ばれる人たちの文化が存在していました。男と女、両方の魂を持つと信じられていて、ふつうの人にはない特別な力を持つとされ、しばしば指導者や知恵者として尊敬を集めていました。しかし、15、16世紀にヨーロッパからやってきた入植者たちは、同性間で関係を持つ先住民たちの風習を見て驚愕し、力づくでこの「悪習」を一掃しようとします。その結果、1800年代になると、こうした慣習は姿を消していきます。

アン・リスター

1791〜1840年

裕福な女性は、家にいて裁縫やピアノをたしなむものと思われていた時代、アン・リスターはその社会的規範を頑としてはねつけます。自信あふれるビジネスパーソンであり、旅行家、登山家でもあったリスターは堂々と女性を愛しました。リスターがつけていた日記には、その熱い想いと日々の出来事が克明に記録されています。ただし、そのほとんどが暗号で綴られています。

　リスターは、イングランド・ヨークシャー地方のハリファックスという町で、地主階級の娘として生まれました。幼少期からのおてんばぶりに手を焼いた母親は、少女になったリスターを寄宿学校に入れます。寄宿生活ではエライザという女生徒とはげしい恋に落ち、屋根裏にある寝室を共有するようになります。リスターは、他人が解読できないように、ギリシャ語と代数記号をベースにした暗号を考えだし、恋人に対する激しい想いを日記に綴っています。のちにリスターはエライザと別れますが、傷ついたエライザは、精神病院に隔離される運命をたどります。

　1826年、リスターは叔父からシブデン・ホール*1を相続します。古めかしい黒い衣服に身を包み、「紳士」と自称するリスターは、「紳士ジャック」の名で地元の人たちに知られるようになります。リスターは有能なビジネスパーソンとして社会的名声を得る一方、恋愛にもまめで、その愛憎劇を武勇伝として包み隠さず記録しています。

　リスターは、あるときマリアナという若い女性に夢中になります。ところが当のマリアナから、妻を亡くした金満家の男性と結婚すると聞かされ、リスターは取り乱し、日記にその怒りをぶちまけています。

　「あれほど自分を信じ、身も心も愛にささげていたというのに。なのに、自分を売るだなんて」

> 私が愛するのは女性。
> 愛するのも、愛されたいのも、女性だけ。
> 女性以外との恋愛なんて、
> 堪えられません。
>
> アン・リスター　1821年

いろいろな女性と関係を持ったリスターですが、あるときアン・ウォーカーというお金持ちの女性に出会います。マリアナのときのような、はげしい情熱は感じませんでしたが、アン・ウォーカーには莫大な遺産があり、理想的な「妻」になると思われました。アン・ウォーカーと、「夫婦」としてシブデン・ホールで暮らす生活を夢見るリスター。アン・ウォーカーがプロポーズを受け入れた日、リスターは「アンとはうまくやっていけると思う。彼女を幸せにしてみせよう」と日記に記しています。

　女性同士の「夫婦」に、世間は騒ぎましたが、リスターは動じませんでした。1838年、2人はフランスのピレネー山脈を旅し、そこでリスターは最高峰ヴィニュマールにいどみ、初登頂した人物として公式に記録されます。翌年、2人はヨーロッパへ長期旅行に出ますが、ロシアの黒海に着いたときリスターは発熱し、49歳でこの世を去ります。

　1890年代、リスターの親戚筋のジョン・リスターが、たまたまくだんの日記を見つけます。暗号文の一部が解読されますが、その内容にショックを受けたジョンは、日記を壁板の裏に隠します。ジョン自身がゲイだったため、自分に関心が集まるのを避けたかったからだという研究者もいます。1930年代、日記はふたたび発見されます。1988年には全文が解読され、"I Know My Own Heart（自分のことはわかってる）[2]"という題名で出版されます。

　今日、リスターは本やテレビ番組でも取り上げられるほどの人物ですが、日記からは、必ずしも人格円満な人物でなかったことも伝わってきます。支配的で身勝手なところもあったようですが、その一方で、自身の性的なアイデンティティについてはいっさいぶれることなく、おおらかに受け止めていました。自分は社会が求めるものとはちがう、と自覚しながらも、そのちがいを恥じることはありませんでした。「レズビアン」という言葉がまだなかった時代に、リスターがプライドを持って生きていたことはたしかです。

[2]　Helena Whitbread, "I Know My Own Heart: The Diaries of Anne Lister" 1791-1840. (Virago, 1988)

アン・リスターが相続したシブデン・ホール

[1]　ハリファックス地方の歴史的建造物

年表

LGBTQ+の迫害の歴史 ～1900年

紀元342年

529年

1102年

ヨーロッパで
キリスト教が広まるにつれ、
同性愛に対する
締めつけが強化。
後期ローマ帝国では、
法律で同性婚が禁止される。

ビザンチン帝国の
ユスティニアヌス一世が、
同性愛を法律で禁止
（ユスティニアヌス法典）。
同性愛行為は不貞につながる
として、罪に。

ロンドンの
カトリック評議会が、
同性愛を罪と定める。

ロシアで
同性愛が犯罪に。
ただし、有罪となった人
はわずかに
とどまる。

16世紀と17世紀

1610年

1625年

1832年

スペイン異端審問所が開設され、
宗教上の異端と、ソドミーに対する
取り締まりが強化。
1570年から1630年のあいだに
多くの人が裁かれ、処刑された。

アメリカ植民地で
はじめて、ヴァージニア
がソドミーへの死刑の適用
を決める。

ヴァージニアで
リチャード・コーニッシュ
が絞首刑になる。記録上、
アメリカ植民地でもっとも古
ソドミー法による
処刑の事例。

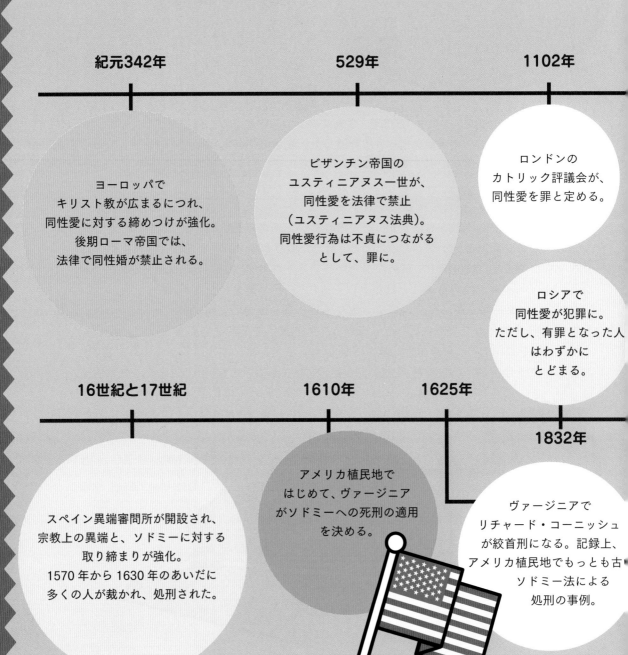

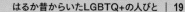

ヘンリー8世が
バガリー法（通称「ソドミー法」）
を制定し、ソドミー行為を
絞首刑とする。
これを基にした法律が、
アメリカ大陸のイギリス植民地
をふくむイギリス領内でも
可決される。

ヨーロッパの多く
の国が同性愛を犯罪
とする。

13世紀

1321年

1522年

1533年

神学者のトマス・アクィナス
（1225 〜 1274 年）が、
同性愛は子作りに結びつかない
不自然な行為と公言。

詩人ダンテ（1265
〜 1321 年）が死去。その
作品『神曲』には、死後の世界
が描かれ、ソドミー（同性間、主
に男性間の性行為）の罪を犯した者
は、神が定めた自然の摂理にそむ
くため、地獄の九つのエリアの
うち七番目に入れられると
記す。

神聖ローマ帝国で、
ソドミーが死罪
となる。

1835年

1871年

1885年

イギリスで、
同性愛の罪に対する
最後の絞首刑が
行なわれる。

ドイツ帝国が成立し、
刑法第 175 条で
男性間の同性愛行為を
犯罪と定める。

イギリスで 1861 年に
死刑の対象から外された
男性間の同性愛行為が、
刑法の改訂で「重大わいせつ」
として違法となる。

非難の目を
かいくぐって

　18、19世紀、LGBTQ+の人たちは大きな危険にさらされますが、それと同時にあらたな出会いのチャンスも広がります。都市部が拡大するにつれて、農村から人びとが移入しはじめ、LGBTQ+の人同士が新天地で出会う機会が増えていきます。しかし、世間の非難や処罰への恐れから、やむを得ず、人目につかない「地下活動」の形を取ることになります。

　フランス革命さなかの1791年、フランスでは同性愛が刑法上の罪から外され、成人同士の同意の上での同性愛行為は違法ではなくなります。さらに、1804年のナポレオン法典（フランス民法典）によって、当時フランスが支配していたオランダや西部ドイツの一部の地域でも合法化されます（ただし、ドイツでは1871年にふたたび刑罰の対象になります）。脱刑罰化の動きは、同性愛者の権利保護に向けた第一歩となりますが、差別はその後も温存されていきます。

　19世紀のアメリカでは、自由な思想を持った人たちが社会に変化をもたらしはじめます。哲学者で作家のラルフ・ワルド・エマーソン（1803〜1882年）やヘンリー・デイヴィッド・ソロー（1817〜1862年）は、個人の自由の大切さを強調し、社会に迎合する風潮を激しく批判します。2人とも、同性への憧れを書き残していますが、ゲイだったことを示す証拠はありません。

　アメリカでもっとも人気のある詩人のひとり、ウォルト・ホイットマン（1819〜1892年）は、ゲイまたはバイセクシュアルだったとする説があります。実際に「カミングアウト」したことも、同性とつき合っていると公表したこともありませんが、ホイットマンの詩には、同性愛をたたえるフレーズがいくつか出てきます。ホイットマンをゲイ解放運動の先がけだという人もいます。

なにしろ、最愛の彼がすぐとなりで、
一つ毛布の下で眠っているのだ。
ひんやりとした秋の静けさの中、月の光を受けながら、
こちらに顔をかたむけ、
その腕でぼくの胸をそっと抱くようにして――。
あの夜、ぼくは幸せに包まれた。

ウォルト・ホイットマン
「一日の終わりを耳にした時」『草の葉』より

　19世紀のアメリカで、ホイットマンと並んで高い人気を誇った詩人のエミリー・ディキンソン（1830〜1886年）は、そのぼかしたような書き方や比喩を使った独特なスタイルから、レズビアンではないかとされています。それを裏打ちすることになったのが、義理の妹、スーザン・ギルバートにあてた情熱的な手紙で、その一節には、「今日はこのへんで終わります、スージー。最後にキスを。でもだれかそばにいるといけないから、ひかえめに。いい、だれにも見られないようにしてね」といった意味深長な文言が見られます。

　周囲の人びとは、ディキンソンを人づき合いの悪い、古風な独身女性と思っていたようです。しかし、当時、多くの人たちがそうであったように、本当の自分の姿を抑え込んでいたのかもしれません。

モリー・ハウス

　18〜19世紀のロンドンでは、ゲイの男性は、俗語で「モリー」または「モル」と呼ばれ、その出会いの場となるパブやクラブは「モリー・ハウス」と呼ばれていました。一方、こうした店はよく逮捕劇の舞台になっています。記録によれば、18世紀には、およそ30のモリー・ハウスが捜索を受けています。1720年代には、こうした逮捕劇が頻繁に繰り返され、多くの人が絞首刑になっています。

イギリスでは、1861年に同性愛行為に対する死刑が刑法から削除されますが、1885年の刑法改正で、男性間の同性愛行為はすべて「重大わいせつ（gross indecency）」の罪で裁かれることになります。犯罪要件があいまいなことから脅迫手段に利用されやすく、通称「脅迫条項」と呼ばれました。10年後、オスカー・ワイルド（P.24参照）がこの罪により刑務所送りになったことはよく知られています。

19世紀になると、こうした弾圧に対抗するように、ゲイを支援する積極的な動きが散見されるようになります。ゲイ権利活動家の先がけといわれるのがドイツ人作家のカール・ハインリッヒ・ウルリクス（1825〜1895年）で、彼は弁護士でしたが、1854年に同性愛者であることが周りに知られ、弁護士の職を辞します。ウルリクスは自身のことを「男性の肉体に女性の精神が宿っている」存在と認識し、「ウルニング」という呼称を用いはじめます。そして、この「ウルニング」という性は、自分が生まれながらに持ち合わせたものなのだから、悪かろうはずがないと主張しました。

1867年、ウルリクスは勇敢にも、ミュンヘンで行なわれたドイツ法曹会議の場で、同性愛を禁じるすべての法律を無効にするように求めます。その数年後、「ウルニングとて人間なのだ。だからその権利を奪うことはだれにもできない。人が生まれ持っているものを禁止する権利など、立法者にはない」と記しています。

> 太古から、
> 私や私とおなじように
> 生まれついた人たちを毒牙にかけてきた、
> 怒り狂ったヒドゥラや太古の幽霊たちに、
> 敢然と立ち向かい、闘った日々のことを、
> 私は死ぬまで誇りに思うだろう。
>
> カール・ハインリッヒ・ウルリクス
> 『怒りの剣』（1868年）より

マグヌス・ヒルシュフェルトは
右翼の攻撃にさらされた。

科学人道主義委員会

　世界最初のLGBTQ+の人権擁護機関と考えられているのが、1897年にドイツで設立された科学人道主義委員会です。設立したのは、ユダヤ人医師のマグヌス・ヒルシュフェルト（1868〜1935年）で、ヒルシュフェルトは、診察したLGBTQ+の患者たちの多くが、世間のあやまった対応が原因で、精神を病んでいることに気づきます。性は生まれながらに決まっていて、自分で選べるものではないと主張し、LGBTQ+の人たちが社会に受け入れられるよう、ドイツの反ゲイ法を撤廃するために闘います。委員会のモットーは "per scientiam ad justitiam"（科学を通じて正義を）でした。

社会に影響を与えたLGBTQ+の有名人①

シュヴァリエ・デオン（1728〜1810年）
　男性スパイとしてイギリスで暗躍し、帰国後は女性作家に転身した、華やかな経歴を持つフランス人セレブ＊。

ジェーン・アダムズ（1860〜1935年）
　アメリカの有名な社会改革主義者で活動家。40年間にわたり同性パートナーのメアリー・ロゼ・スミスと暮らす。

ジョージ・セシル・アイヴズ（1867〜1950年）
　イギリスの詩人。1897年にゲイのための秘密結社「カイロネイア団」（ギリシャ東部にあった古代都市の名前から採られた）を結成する。

＊生まれた時の性別を男性に割り当てられたが、人生の後半は女性として生きたとされる。

オスカー・ワイルド

1854～1900年

劇作家のオスカー・ワイルドは、派手なふるまいと痛烈なウィットで、19世紀後半のロンドンで時代の寵児になります。ただし、晩年「重大わいせつ」の罪で投獄され、破滅と死を余儀なくされます。
その生きざまはLGBTQ+の人たちの注目を集め、ゲイ・アイコンになっています。

　アイルランドのダブリンで生まれたワイルドは、トリニティ・カレッジ（ダブリン大学）を卒業した後、オックスフォード大学に進みます。耽美主義の影響を受け、道徳にしばられない、美のみを追究する芸術を目指します。高価な服を身にまとってキザにふるまい、ロンドンに移ってからは、有名人と知己になろうと、華やかな社交場に出入りします。1881年に詩集を出すと、講演旅行のため北アメリカを旅し、ウォルト・ホイットマンなどの作家とも知り合いになります。

　1884年、ワイルドはアイルランドの名家の子女、コンスタンス・ロイドと結婚します。2人の息子が生まれると、家族を養うために雑誌の編集者となり、1888年には子ども向けの短編集、『幸福な王子』を出します。1891年には唯一の長編小説、『ドリアン・グレイの肖像』を出版します。同性愛をほのめかし、退廃的なデカダンスをあからさまにたたえる作品は、道徳にうるさいヴィクトリア朝の人びとを驚かせます。ワイルドは、劇作家としても批評家たちに絶賛され、『真面目が肝心』（1895年）などの作品で、絶大な人気を勝ち得ました。

　その間、1891年には「ボージー」ことアルフレッド・ダグラス卿と出会い、はげしい恋に落ちます。ワイルドはボージーにあてた手紙の中で、「きみなしでは生きられない」と告白しています。ボージーの父親で権力者であったクイーンズベリー侯爵から同性愛者だと非難されたワイルドは、うかつにも侯爵を相手に名誉棄損の訴えを起こしま

す。裁判所は侯爵を無罪とし、逆にワイルドは「重大わいせつ」の罪に問われます。有罪が決まり、2年間の重労働の刑を言い渡されます。

ワイルドは独房に収監され、踏み台を何時間も昇降させられるという、虐待さながらの過酷な肉体労働を強制されます。レディング刑務所に収監されていた間に、ワイルドは最高のラブレターの一つとされる、『獄中記』を書いています。ボージーにあてた手紙の形式をとったこの作品には、2人の関係について思うところや、自身の魂の遍歴が綴られています。この『獄中記』が出版されたのは、ワイルドの死後のことでした[*1]。

刑務所暮らしから解放されたとき、ワイルドは破産状態で、健康もそこなっていました。ワイルドはヨーロッパへ渡り、ボージーと束の間の再会を果たします。友人たちと会う機会はありましたが、最愛の息子たちの姿を目にすることは二度とありませんでした。社会的な指弾を受け、たび重なるいやがらせに苦しんだワイルドは、「私の存在は、社会の恥でしかないのです」と書き残しています。その後、ワイルドは髄膜炎を発症し、パリのうらぶれた下宿で46年の生涯を閉じます。

それから117年後の2017年、イギリス政府はワイルドに「チューリング法（P.51参照）」[*2]を適用し、恩赦を与えます。社会の規範に従うことをこばんだ結果、世間から見放され、ついには命を落としたワイルドの生き様は、いまもなお無知と憎しみに立ち向かうLGBTQ+コミュニティの重要なシンボルになっています。

> 己の経験を悔やむのは、己の成長をさまたげるようなもの。己の経験を否定することは、己の命のくちびるに、うそをぬりつけるようなもの。すなわち、魂を否定することにほかならない。
>
> オスカー・ワイルド
> レディング刑務所で書いた『獄中記』より

---

*1 『獄中記』の出版は1905年。
*2 同性愛を禁ずる法律で有罪となった人びとを無罪とすることを定めた法律。第二次世界大戦で連合国軍に貢献した数学者アラン・チューリングの名にちなむ（P.51参照）。

自分にとっての
プライドとは

〔名前〕 デア・ウローヴィ

〔年齢〕 19歳

〔性自認〕 ノン・バイナリー

　　　小さいころ、この世のなかには二つの性し
かないと教わった。

　　周りに合わせなくちゃ、というプレッシャー
をはじめて感じたのは5歳のとき。よく好きなサ
ッカーチームのシャツを着て、男の子たちとサッカー
をしてたっけ。自分もそういう男の子たちの一人なんだ
って思うこともときどきあった。しばらくして、スカートとズ
ボン、丸刈りとポニーテール、マニキュアとトレーナーのあいだに、ちがいがあるのに気
づいたけど、そのときはまだ、ただみんな不安だからカテゴリー化しているだけだってこ
とも、実際に二分化された性なんかないってこともわからなかった。

　ようやく最近になって、男の子や女の子、そのあいだの人にしても、その「見せ方」は人
それぞれだってことに気づいた。自分がなりたいと思ってきた人間になるまでは、大変な
道のりだった。ラッキーだったのは、理解ある友人や家族に恵まれたこと。それでも、自
分が変わるってことは、その過程で失う人も出てくる。つらい時期もあったけど、そんな
時は、自分とおなじコミュニティの人たちと過ごすようにした。ありのままの自分でいて
もだいじょうぶって思えるから。

　もし過去にもどって、昔の自分にアドバイスできるとしたら、時間はたっぷりあるから、あせらず、しっくりくる性をさがしたらいい、そう伝えたいな。昔は、友だちや家族になにかを証明しなくちゃならない気がして、自分にすごいプレッシャーをかけてた。今は、自分さがしや自分の居場所さがしに時間をかけるのはちっとも悪いことじゃないってわかってるし、変化を喜んで受け入れることは、自分にとって大きな力にもなると思う。

> ときどき、自分の存在そのものが
> 抗議の意思表示みたいに思えて、
> そんな自分にプライドを感じるよ。

　プライドは感じているよ。たとえすべての人や物を失うことになっても、ありのままの自分でいようと決めた自分にね。ただ、プライドを感じていても、自分を受け入れるのが難しいことだってある。でも、なりたい自分になるのが、なんかこわいなって気持ちがあっても、自分を信じることはできる。

　服装や行動もそうだけど、こうあるべきっていうイメージを押しつけてくる人に合わせる気はないよ。どんなに若くても、人生のどのステージにいようと、自分の性的志向や性自認のことはちゃんとわかるからね。

　今ここにこうして存在しているってことは、そのままの自分でいいってことなんだ。

変化の兆し

20世紀に入ると、自分たちが正しいと思うことのために、堂々と声を上げる人たちが現れます。ドイツでマグヌス・ヒルシュフェルトや、彼が設立した科学人道主義委員会が、LGBTQ+の人権運動をねばり強く押し進める一方で、アメリカではヘンリー・ガーバーが、アメリカ初のゲイの人権団体を立ち上げます。

　1920年代には、ベルリンやニューヨークといった都市部で、ゲイに対する反発はいくらか落ち着いてきます。しかし、1930年代に入り、世界恐慌によって経済的な不安が広がり、ドイツでアドルフ・ヒトラーが台頭すると、その流れは一気に逆走します。

LGBTQ+の
権利の誕生

　ヨーロッパ社会の注目を集めたオスカー・ワイルドの裁判は、19世紀末の欧米のメディアでも広く取り上げられ、同性愛というテーマが社会問題としてクローズアップされていきます。ロシア人移民でニューヨークに暮らしていた政治活動家のエマ・ゴールドマン（1869〜1940年）は、ワイルドの受けた「ひどく不当な」扱いに衝撃を受け、LGBTQ+の人たちの権利の擁護を訴える活動をはじめます。

　ドイツでマグヌス・ヒルシュフェルト（1868〜1935年）がLGBTQ+の周知に向け、人びとの啓もうに努めたこともあって、第一次世界大戦後は各地で、反同性愛法の規制が緩和します。1919年、ヒルシュフェルトは「性科学研究所」を開設し、1928年には「性改革を目指す世界連盟」が結成されます。ヒルシュフェルトはヨーロッパ各地を回って、大勢の人びとを前に演説し、さらには、アメリカ合衆国やアジアにも出向きます。

さまざまな人がいるように、
愛のありようもさまざまなのだ。
マグヌス・ヒルシュフェルト

　ドイツの改革運動に大いに触発されたのが、ヘンリー・ガーバー（1892〜1972年）でした。第一次世界大戦後、米軍駐留兵としてベルリンにいたガーバーは、アメリカでもおなじような変革が起こることを願って、1924年、アメリカで最初となるゲイの人権団体、「人権協会」を設立します。協会は『友情と自由』という機関誌を発行しますが、2号目までしか刊行できませんでした。翌年、いきなり家に警察官が押し入り、ガーバーを逮捕し、留置所に収監したのです。結局、起訴されることはありませんでしたが、「郵便局員らしからぬ行ない」をしたとして郵便局を辞めさせられます。

> **❝** この（アメリカ）社会には、まったくうんざりだ。
> 世間の枠にはまらない人たちを
> 多数派たちがいじめていても、
> 全然平気なんだから。 **❞**
>
> ヘンリー・ガーバー
> ある雑誌の中で（1962年）

秘密の暗号

　当時はLGBTQ+というだけで危険な目にあうことがあったため、仲間うちだけで通じる方法が考え出されました。オスカー・ワイルドは、背広のえりの折り返しに緑のカーネーションをつけて、ゲイであることを示唆しました。20世紀の初めには、ネクタイなどの小物を赤色にすることで、ゲイであることをほのめかすという方法も使われました。1900年代になるとイギリスでは、ゲイ同士で話をするときには、俗語を基につくられた「ポラリ」という隠語がよく使われるようになり、男性は‘omee（オミ）’、女性は‘palone（パロニ）’、ゲイは2語をつなげて‘omee-palone（オミ-パロニ）’と表現されました。

フランスでは、1791年に同性愛が犯罪ではなくなります。その結果、LGBTQ+文化が花開くことになりますが、その多くが人目につかないところで、秘密裏に盛り上がりを見せます。20世紀初頭、パリはボヘミアンたちのメッカとして、世界中の作家や芸術家たちを引きつけますが、その多くがLGBTQ+でした。そのなかに、劇作家で詩人のアメリカ人、ナタリー・クリフォード・バーニー（1876〜1972年）がいました。バーニーは1900年にはじめての詩集、『女性たちの肖像』を出し、堂々とレズビアンをテーマに取り上げます。バーニーが、芸術家たちが集まって作品について意見を交わす場である「サロン」を開くと、そこにはT・S・エリオットやジェイムズ・ジョイス、コレットといった有名な作家が集まって来ました。一夫一婦制にかたくなに反対するバーニーは、レズビアンたちとつぎつぎに関係を重ねますが、

> 私にとってパリは、
> 思いのままに生き、自分をさらけ出せる
> 唯一の街です。
>
> ナタリー・クリフォード・バーニー

そのなかにはオスカー・ワイルドの姪、ドリー・ワイルドもいました。

一方、アメリカでは1920年、禁酒法が施行されます。しかし、為政者たちのねらいとはうらはらに、国中でどんちゃん騒ぎがはじまります。お酒が飲める場所を求めて、人びとが集まるようになり、ニューヨークを中心に、スピークイージー（酒類密売所）と呼ばれる違法なバーが栄え、ゲイ文化の発信地になります。さらに19世紀末期にはじまった仮面舞踏会（ドラァグたちの舞踏会）は、1920年代になるとLGBTQ+文化を象徴するシーンになります。

しかし、そのときすでにLGBTQ+文化への反動のうねりも出はじめ、狂騒の20年代と呼ばれる、束の間の自由の季節は終焉に向かいます。LGBTQ+文化がふたたび公の場に姿を見せるのは、ずっと後になってからのことです。

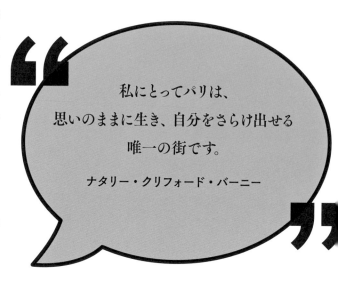

**ナタリー・クリフォード・バーニーの
ニックネームは「アマゾン*」。**

＊ギリシャ神話に登場する女性だけの部族。アマゾネス。

1920年代のパリにあった女性のためのナイトクラブ、「Le Monocle（ル・モノクル：片眼鏡）」では、常連客たちが男装する姿が見られた。

ガートルード・スタイン（1874～1946年）

　アメリカ生まれのガートルード・スタインは、1902年にパリに移って、美術品の収集家になります。スタインが暮らしていたアパートは、芸術家や作家たちに人気の場所で、作家のアーネスト・ヘミングウェイや、画家のパブロ・ピカソなどもたびたび訪れています。1907年、スタインはその後の人生を共にすることになる女性、アリス・B・トクラスと出会います。2人はその関係を隠そうともせず、スタインが書いた回想録、『アリス・B・トクラスの自伝』（1933年）はベストセラーになります。スタインは、その作品でも、また型破りな生き方でも、一躍注目を集めます。

リリー・エルベ

1882〜1931年

出生時、アイナー・ヴィーグナーと名づけられた
デンマーク人画家のリリー・エルベは、生まれてか
らずっと、まちがった体に閉じ込められているような感
覚に苦しみます。そして1930年、記録に残っているかぎりで、
世界最初の性別適合手術を受けます。

　デンマークの首都コペンハーゲンで美術を勉強していたアイナーは、画家のゲルダ・
ゴトリプと恋に落ちます。2人は1904年に結婚。アイナーは風景画家として絵を描
き、ゲルダは上流階級の女性たちの肖像画をアール・デコ風に描いていました。ある
日、ゲルダの絵のモデルをするはずだった女性がやってこなかったため、ある友人がふ
ざけて、アイナーにポーズを取らせてはどうかと提案します。実際、アイナーはモデル
とおなじぐらい、きゃしゃな体つきをしていたのです。しぶしぶモデルになったアイ
ナーでしたが、「正直にいうと、女装をしているあいだ、幸せな気分だったのです。女
性の服のやわらかな肌触りが心地よく、着た瞬間からしっくりなじむ感じがしました」
と、その日の女装体験を日記に書き記しています。

　その気づきは、アイナーにとって衝撃的でした。それからというもの、アイナーはと
きどきゲルダの絵のモデルになり、モデルになることで女装の世界を楽しむようにな
りました。女性姿のアイナーは「リリー」と呼ばれていました。

　1912年、ゲルダの絵のモデルはアイナーだ、といううわさが広まり、中傷にさらさ
れるようになった2人は、デンマークを出て、パリに移住することを決めます。パリな
ら人目をはばからずに「リリー」として生きられると思ったのです。パリでは周囲に受
け入れられたものの、アイナーは人生の半分が失われているような状況がつらくなり、
わらをもつかむ思いで医者にかかったものの、統合失調症というまちがった診断を下
されます。

> これでもう思い残すことはない。
> リリーには、
> こうなるってずっとわかっていた。
> こういうことだったんだね。
> だから、日ごとに抵抗が強くなったのね。
>
> アイナー・ヴィーグナーの日記より（1930年）

1920年代の終わり、アイナーはドイツ人医師、マグヌス・ヒルシュフェルトの画期的な見解を耳にします。それは、人の性には「中間」があり、性の種類はぜんぶで64に分類され、そのなかにはアイナーのように自分が別の性のように感じるトランスジェンダーもふくまれるという思い切った学説でした。

ヒルシュフェルト医師はアイナーに、手術をして男性から女性に体を転換してはどうかと持ちかけます。それは当時としては途方もない、一か八かの賭けのような手術でした。アイナーは手術を3回受け、法律上、リリー・エルベと名乗れるようになります。リリーが選んだエルベという姓は、治療を受けていたドレスデンを流れるエルベ川から取ったものでした。1931年、リリーはさらに手術を受けますが、残念ながら感染症にかかり、息を引き取ります。

リリーはまさしくトランスジェンダーの先駆けでした。リリーが生きた時代はまだ、性別の不一致という現象がほとんど理解されていませんでした。リリーは、女性になりたいという強い願いから、危険な手術を受けることでしか「100パーセント」の自分になれる道はないと決意します。

「どうしても、この私、リリーになる必要があったのです。それはこの14カ月が証明しています。私にはこの生き方を選ぶ権利があるんです。14カ月ぽっきり、といわれるかもしれません。でも、私にとっては一生分に値する幸せな日々だったのです」

自分の死が近いことを感じたリリーは、妹にこう書き残しています。

反動の
1930年代

　1929年、アメリカの株式市場の暴落をきっかけに世界恐慌が起こると、「ふしだらな」ふるまいへの取り締まりがきびしくなります。この時期、多くの人びとが職を失いますが、人びとのあいだには、この危機を引き起こしたのは、狂騒の20年代を象徴するリベラルな価値観だという考えが広がります。

　1933年にアメリカで禁酒法が廃止されると、それまでゲイ文化を支えてきたスピークイージー（酒類密売所）も姿を消します。ロンドンでも取り締まりが強化され、「パンジー・クラブ」と呼ばれる同性愛者のクラブからは、女装した男性たちの姿が消えていきます。1933年、レディ・オースティンが主宰するドラァグ・パーティに警察の捜索が入り、60名が逮捕されます。そのうち27名が実刑判決を受けています。

　アメリカの映画業界では、1930年に「ヘイズ・コード」が導入されます。「ヘイズ・コード」は映画製作の際に守るべきルールで、創作の自由が制限され、「道徳的」で「正しい思考」をうながす映画だけが認可されるようになりました。その結果、ヌードやののしり言葉、同性愛者の出てくる映画はすべて禁止され、LGBTQ+の映画スターたちは、自分の性的なアイデンティティを隠し、なかには、「ラベンダー結婚（同性愛者であることをカモフラージュするための異性との見せかけの結婚）」をさせられて「健全な」家庭人を装うスターもいました。

　ハリウッドスターのあいだでも、同性愛に関する噂が盛んに飛び交います。ケイリー・グラントやキャサリン・ヘプバーン、ランドルフ・スコットなども同性愛者ではないかといわれ、タルラー・バンクヘッドとビリー・ホリデイがデートしたという噂も流れましたが、当時、同性愛を隠す風潮があったことを考えると、はっきりしたことはわからないままになりそうです。

『孤独の井戸』

　1928年、ラドクリフ・ホールが書いたレズビアン小説『孤独の井戸』がイギリスで出版されます。自身もレズビアンだったホールは、「世界でもっとも誤解され、迫害されてきた人びとのために書きました」と、出版社に書き送っています。ホールの勇気を多くの人は称賛しますが、反発の声も上がります。『サンデー・エクスプレス』の編集者は、「健全な少年少女に、この小説を手渡すぐらいなら、青酸カリのびんを渡した方がましだ」とこきおろします。その後、裁判で「わいせつ」という判決が出て、イギリスでは発禁処分を受けます。アメリカでは長い法廷闘争のすえに出版されましたが、イギリスで出版が認められたのは、ホールが亡くなったあとの1949年のことでした。

> 死の果てまでも添いとげるような、
> 一途な二人の愛を、
> 世間は不潔だというのです。

ラドクリフ・ホール
『孤独の井戸』（1928年）より

ラドクリフ・ホールは、友人たちのあいだでは「ジョン」と呼ばれていた。

　1920年代、ニューヨークとおなじようにLGBTQ+文化が栄えたのがドイツの
ベルリンです。ゲイバーやレズビアンバーなど、夜の遊び場が街のあちこちで
人気を集めていました。もちろん、こういったものが街中にあるからといって、
LGBTQ+の人たちに対する差別や迫害がなくなったわけではありませんが、変
化の兆しを感じさせるものではありました。

　しかし、世界恐慌により経済不安が高まると、ヨーロッパ各地でファシスト政
党が台頭し、「望ましくない人びと」や少数者を社会から排除することを主張しは
じめます。ナチ党の党首、アドルフ・ヒトラーは、同性愛を自らが理想とする純血種に対する
脅威と考え、とくに男性同士の同性愛は子孫を残さないとして、1933年、首相に就任した２カ
月後の5月、ゲイに関係する団体の活動を禁止します。1919年にマグヌス・ヒルシュフェルト
医師が立ち上げた性科学研究所は「非ドイツ的」とされ、所蔵する文書や２万冊の蔵書が、ナ
チスが指揮した大がかりな焚書の際に燃やされます。ヒルシュフェルト医師自身、何度か襲
われ暴行を受けますが、どうにかナチスの手を逃れて、1935年にパリで生涯を閉じます。

　1934年、ナチスの秘密警察、ゲシュタポの中にゲイを監視する部門がつくられます。
LGBTQ+の人びと、とくにゲイの迫害がはじまり、1935年だけでも8500人が逮捕されます。
ヒルシュフェルト医師の活動によって緩和されていたゲイへの規制がナチスによって強化さ
れ、懲罰もよりきびしいものになります。

　ヨーロッパ全土にナチスの支配が広がるにつれ、反ゲイ思想も拡散していきます。LGBTQ+
の人たちは尋問のために連行され、交友のある人たちの名前を密告するように強要され、た
くさんのゲイが逮捕されて刑務所に収容されます。この時代1万5000人以上のLGBTQ+の人
たちが強制収容所へ送られたといわれていますが、どれだけの人が収容所で殺されたかは知
る由もありません。ただ、収容所の中で、LGBTQ+の人びとがとりわけひどい扱いを受けたこ
とだけは知られています。

社会に影響を与えたLGBTQ+の有名人②

エドワード・カーペンター
（1844～1929年）

　イギリスの作家、改革者。
自身の同性愛について「いた
って自然なこと」と発言。

レティス・フロイド
（1865～1934年）

　イギリスの婦人参政権論
者として有名。活動仲間の
アニー・ウィリアムズとレ
ズビアン関係にあることを
公表した。

グラディス・ベントリー
（1907～1960年）

　アフリカ系アメリカ人の
レズビアン。1920年代のニ
ューヨークで男装パフォー
マーとして脚光を浴びた。

同性愛者としてドイツのザクセンハウゼン強制収容所に
収容された人たち（1938年）。

ピンク・トライアングル

　ユダヤ人がダビデの黄色い星をつけさせられたように、強制収容所に入れられたゲイの人た
ちは、ピンクの逆三角形のマークをつけさせられました。かつては「恥の象徴」だったこのピ
ンク・トライアングルは、今では一転して、ゲイ・パワーとプライドのシンボルになっていま
す。1980年代、エイズが広がった際には、ゲイの人たちが直面している危機を人びとに知って
もらうキャンペーンのシンボルにもなりました。また1990年代には、緑の丸の中にピンクの
三角形を描いたマークがLGBTQ+の人たちを守るセーフ・スペースの表示に使われます。今
日、ゲイの権利を求める世界各地のデモで、参加者たちはこのピンク・トライアングルを誇ら
しげに身につけています。

マレーネ・ディートリッヒ

1901〜1992年

ハリウッド黄金期のスーパースター、マレーネ・ディートリッヒは、魔性の女と呼ばれ、シルクハットにタキシードという男装の美女としても一世風靡します。男性、女性を問わず交友し、自身がバイセクシュアルであることをけっして隠さなかったことから、LGBTQ+を象徴する存在として世界中で親しまれています。

　ドイツ生まれのマリア・マグダレーネ・ディートリッヒは、もともとバイオリン奏者の道に進むことを希望していました。10代後半で役者活動をはじめたディートリッヒは、舞台や映画の中で端役を演じます。役者になることを家族に反対され、ファースト・ネームとミドル・ネームをくっつけた芸名を名乗ります。

　1924年、映画の助監督をしていたルドルフ・ジーバーと結婚し、娘マリアを出産します。1929年からは別居しますが、婚姻関係はジーバーが亡くなる1976年まで、52年間続きました。1930年には、ドイツ最初のトーキー映画『嘆きの天使』でナイトクラブのダンサー、ローラ・ローラを演じ、一躍有名になります。『嘆きの天使』は英語版も製作され、ディートリッヒは世界的なスターになります。

　1930年、アメリカに渡ったディートリッヒは、映画『モロッコ』の中で、酒場の歌手（アミー・ジョリー）としてゲイリー・クーパーの相手役を演じます。シルクハットにタキシード姿のディートリッヒが、キャバレーを見に来た美しい女性にキスするシーンが話題になりましたが、当時からしたら大胆きわまりないこのシーンをきっかけに、ディートリッヒならではのイメージが形づくられていきます。男性の衣装をまとったディートリッヒは、映画の中でも外でも、女性はかくあるべしという決まった考え方に立ち向かい、そのスタイルはファッションにも大きな影響を与えます。1930年代、ディートリッヒは、『上海特急』（1932年）、『スペイン狂想曲』（1935年）、『砂塵』（1939

年）などでつぎつぎに主役を演じます。

　そのころ台頭してきたナチスは、ベルリンにもどってプロパガンダ映画に出演するよう命じますが、アドルフ・ヒトラーの政治思想に恐怖を覚えたディートリッヒは、この要請を拒否します。1939年、ディートリッヒはドイツ市民権を放棄し、アメリカ国民になります。第二次世界大戦中は、ドイツ軍兵士の士気を削ぐようなメッセージを発信したり、前線近くで戦う連合国軍の兵士を慰問したりします。こうした功績から、1945年、ディートリッヒはアメリカ市民にとっての最高の栄誉である、大統領自由勲章を授与されます。

　戦後もしばらくのあいだ、『異国の出来事』（1948年）、『情婦』（1957年）といった映画で注目を集めますが、1950年代から1970年代にかけては、高級ショー・アーティストとしてステージに立ち、世界中でたくさんの聴衆を魅了しました。余生はパリで送り、90歳でこの世を去ります。

　ディートリッヒは生涯を通じて、ハリウッドを代表する多くのスターたちと恋愛関係にありました。ゲイリー・クーパーやジョン・ギルバート、ジェイムズ・ステュアートといった俳優たちのほかにも、「裁縫仲間」と呼んで、女性たちともつき合っていました。関係が噂されたスターのなかには、グレタ・ガルボやドロレス・デル・リオ、バーバラ・スタンウィックがいます。

　ミステリアスな魅力の持ち主、マレーネ・ディートリッヒのことをいちばん端的に表しているのは、「性別はあるものの、決まったジェンダー（性的特徴）はない。その男らしい色気で女性を惹きつけ、女性の色気で男性をとりこにする」というフレーズでしょう。20世紀のもっとも著名な演劇評論家の一人、ケネス・タイナンの言葉です。

私、根は紳士なのよ。

マレーネ・ディートリッヒ

自分にとっての プライドとは

〔名前〕 アヨ・ババトープ

〔年齢〕 22歳

〔性自認〕 クイア

プライドを持つってことは、自尊心を強くして、自分という人間を知ること。社会が自分に押しつけてくるイメージを受け流せるようになること、自分自身を愛し、目先のことを気にせず、もっと広い視野でとらえられるようになることだ。

自分の場合は、マーシャ・P・ジョンソン（P.62参照）にすごく刺激を受けた。マーシャが自分にプライドを持ったからこそ、世界全体でプライドの動きにつながったんだ。マーシャは世界に行動するよう求めたんだ。あのプライドは本当にすごい。自分よりずっと大きな社会が押しつけてくる考えをはね返してしまうんだからね。

もちろんLGBTQ+の人たちのプライドを認めようとしない人はいるよ。そういう人は、LGBTQ+の人たちが持つ美しさや愛の力が見えてないんだよね。でも覚えておいてほしいのは、自分にプライドを持つ姿は、じつは気づかないところで、だれかをはげましているかもしれないってこと。この地球上には、いつもあるがままの自分でいられたらっ

て心の中で願っている人たちが大勢いる。そういう人たちに、そのままの自分でいいんだよって、それとなく伝えたい。それが、自分にとってのプライドになると思う。そういうメッセージって人のためになる最高の贈り物の一つだと思うから。

　はじめてだれかに出会うと、だいたいこう言われる。「ありがとう」って。昔の自分だったら、なんで感謝されるのかわからなかったと思う。でも今なら、一人のクイアとしてこう言える。存在する、それだけで、プライドを示すことになるって。笑うだけでもいいんだ。もし、ありのままの姿のことで、からかわれている子が、そのくったくのない笑顔を見たら、きっと勇気づけられると思うんだ。

**自分の姿が、気づかないいうちに
見ているだれかをはげましていることだってあるんだ。**

　去年は、自分の人生についていろいろ考える年になった。子どものころ住んでいたナイジェリアのラゴスはすごく信心深いところだったんだけど、そのとき教え込まれたこともずいぶん頭から捨て去った。「移民」としてロンドンで暮らしていると、大変なこともあるけど、幸いすばらしい人たちに出会えたし、すごく感謝している。最近はじめた社交ダンスのおかげで、自信や自己肯定感もさらに強くなったし。

　今のいちばんの夢は、自分とおなじようなアイデンティティの人たちと語り合って、どんなことだって可能なんだって伝えること。こうなったらいいな、とか、こうしたい、と思ったことはちゃんと叶う。ありきたりな言い方かもしれないけど、思い描けるってことは、叶えられるってことなんだ。それを身をもって示せるよう、ベストをつくすつもりだ。今これを読んでくれてるきみとは直接話すことはできないけど、ここに書いたものを読んで、ありのままの自分にプライドを持ってくれたらいいな。

転 換 点

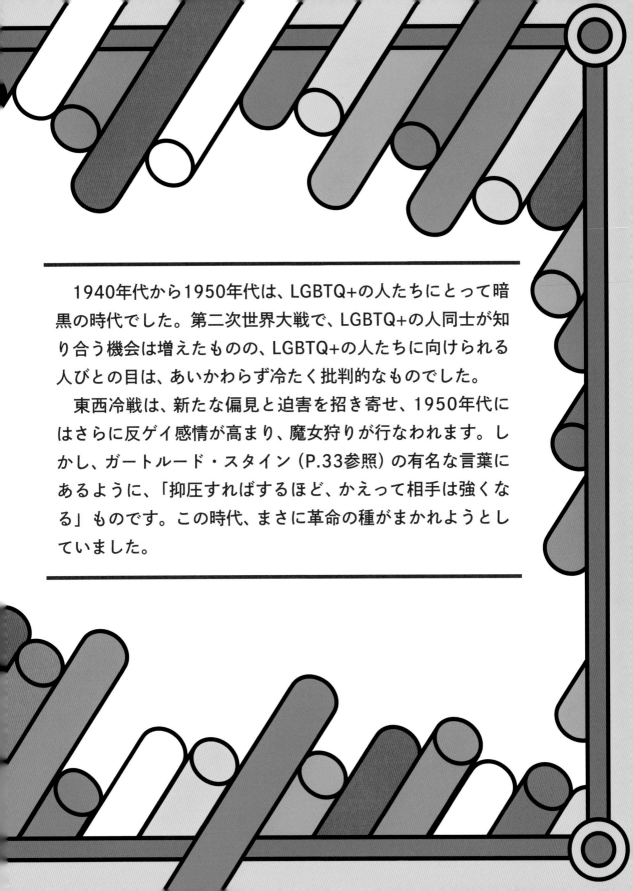

　1940年代から1950年代は、LGBTQ+の人たちにとって暗黒の時代でした。第二次世界大戦で、LGBTQ+の人同士が知り合う機会は増えたものの、LGBTQ+の人たちに向けられる人びとの目は、あいかわらず冷たく批判的なものでした。

　東西冷戦は、新たな偏見と迫害を招き寄せ、1950年代にはさらに反ゲイ感情が高まり、魔女狩りが行なわれます。しかし、ガートルード・スタイン（P.33参照）の有名な言葉にあるように、「抑圧すればするほど、かえって相手は強くなる」ものです。この時代、まさに革命の種がまかれようとしていました。

変化のうねり

　ナチスによる弾圧の恐怖はあったものの、第二次世界大戦（1939～1945年）の戦時下ではLGBTQ+の人たちが、自分とおなじ境遇の人たちと知り合い、自分を発見し、さらにはおたがいを受け入れる機会が生まれました。同性しかいない環境に置かれた人びとは、他人の監視の目が届かないところで出会い、LGBTQ+の人同士の関わり合いも盛んになります。ほとんどの国で同性愛は違法とされていましたが、ときの権力者たちは戦争に国民を動員するため、こうした風潮を許容する方を選びました。

　戦争によって、従来のジェンダーの役割は変化します。（生物学上の）男性たちが戦争に駆り出されると、（生物学上の）女性はそれまで男性が担っていた役割を割り当てられるようになり、今まで感じることのなかった社会的な自立心に目覚めます。兵士募集のポスターにも、強くて頼りがいのある女性の姿が描かれるようになります。さらに働ける男性が身近にいなくなったことで、女性同士がたがいに助け合う場面も増え、同性愛関係に発展する機会が増えていきます。

　1945年に戦争が終わると、人びとの生活は多くの面で旧来の日常にもどります。男性たちは兵役を解かれて仕事にもどり、女性たちは主婦となって家庭を守り、LGBTQ+の人たちへの魔女狩りも再開します。でも、元にもどらないものもありました。戦争の圧倒的な恐怖を経験した人びとは、新たな目で社会を見つめるようになり、思いやりのある寛容な社会を希求するようになります。同性愛に目覚めた人の多くは、かつての生活にもどることをよしとせず、生まれつつある新しい社会の枠組みのなかで、一つの役割を担っていくことを望みます。

> **もしこの先、もっと世の中が進んで、
> ぼくらが書いたこの手紙が出版されて
> 世に出ることになったら、すてきだよね。
> そしたら、ぼくらがどれだけ愛し合っていたか、
> 世界中の人たちにわかってもらえる。**
>
> 第二次世界大戦中、イギリス軍歩兵ゴードン・バウシャーが
> 砲手のギルバート・ブラッドリーに送った手紙
> （2008年に発見）より。

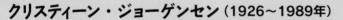

クリスティーン・ジョーゲンセン（1926〜1989年）

　出生時の名前は、ジョージ・ジョーゲンセン・ジュニアで、アメリカではじめてセレブになったトランスジェンダー。ジョージは、ティーンエイジャーのころから、まちがった体にとらわれているような感じがしていました。アメリカ陸軍に勤めたあと、デンマークのコペンハーゲンでホルモン治療と性別適合手術を受け、グラマーな女性、クリスティーンに変身してアメリカにもどります。その容姿に、アメリカ国民の目はくぎづけになります。「かつてのGIがブロンド美人に！」そんな見出しの記事が新聞をにぎわせました。そこにはふだんLGBTQ+の人たちに向けられる敵意とはちがう、敬意が感じられました。クリスティーンはその名声を活かして、トランスジェンダーに対する社会の関心を高める活動を行ない、（彼女の言葉を借りると）性の革命に「けり」を入れたのでした。

　戦後は、ナチスの支配下で鳴りをひそめていたLGBTQ+の文化がヨーロッパでふたたび勢いをとりもどします。1940年代後半には、デンマークの「Forbundet af 1948」（1948年同盟）や、オランダを拠点とし、現存するLGBTQ+の組織の中でもっとも古い「COC」（Centre for Culture and Leisure：文化・余暇センター）など、多くの団体が活動をはじめます。この時期に結成された団体は、「同性愛者運動組織」といわれ、「ホモセクシュアル」（homosexual、ホモ）という言葉に代わり、性よりも愛に重きを置いた「ホモファイル」（homophile、同性愛者）という言葉が使われるようになります。

　一方、アメリカでは、動物学者で生物学者のアルフレッド・キンゼイの画期的な本が２冊出版されます。タイトルは『人間男性の性行動』（1948年）と『人間女性の性行動』（1953年）で、これらの本には、従来考えられていたよりはるかに多くの人が、ゲイまたはレズビアン、もしくはバイセクシュアルだと書かれていました。男性の10％、女性の３％が同性愛者に近いか、完全に同性愛者だというキンゼイ報告は、世間のはげしい怒りを買いますが、この報告を受け入れて、同性間の恋愛を肯定的にとらえる人たちも出てきます。

　しかし、キンゼイ博士の研究結果をよそに、1950年代のアメリカでは、冷戦による恐怖心や猜疑心から、いわゆる「ラベンダー狩り」が横行します。「赤狩り」で、共産主義に同調的とレッテルを貼られた人たちが、公職からことごとく追放されたように、「ラベンダー狩り」では、LGBTQ+の人びとが公務員などの公職から弾き出され、専門的な職に就くことが禁じられました。

　このような憎しみと迫害の空気が漂う時代、活動家のハリー・ヘイは、1950年にゲイとバイセクシュアルの男性をサポートするための組織、「マタシン協会」を立ち上げます。その数年後、レズビアンのフィリス・ライアンとデル・マーティンが、レズビアンとバイセクシュアルの女性のための秘密結社、「ビリティスの娘たち」を誕生させます。「ビリティス」という名称は、レズビアンの詩を集めた19世紀の詩集、『ビリティスの歌』から取ったもので、表向きは詩の同人グループを装っていました。1956年、「ビリティスの娘たち」はアメリカ初のレズビアンの会報、『ザ・ラダー（はしご）』を創刊します。ちなみに、ライアンとマーティンは2008年に合法的に結婚し、カリフォルニア州初の同性婚カップルになります。

2008年に結婚した、フィリス・ライアン（右）とデル・マーティン（左）。

「ビリティスの娘たち」の著名なメンバーに、活動家で劇作家のロレイン・ハンズベリー（1930〜1965年）もいました。その作品、『日向の干しぶどう』は、アフリカ系アメリカ人女性の作品としてはじめてブロードウェイで上演されました。レズビアンであると公言はしていませんが、『ザ・ラダー』にLHNというイニシャルで寄稿しています。

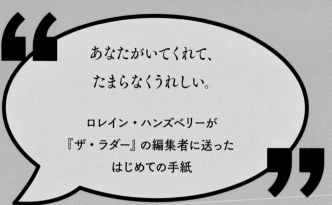

> あなたがいてくれて、
> たまらなくうれしい。
>
> ロレイン・ハンズベリーが
> 『ザ・ラダー』の編集者に送った
> はじめての手紙

『ジョバンニの部屋』

アフリカ系アメリカ人で作家として有名なジェイムズ・ボールドウィン（1924〜1987年）は、ニューヨークのハーレムの近くで生まれ育ちました。人種差別と同性愛差別にまみれたアメリカでの生活から抜け出したい一心で、パリに移り住み、1956年に代表作『ジョバンニの部屋』を出版します。同性愛やバイセクシュアル、社会的孤立をテーマにした感動的な作品ですが、なぜか登場人物はすべて白人でした。後にボールドウィンは「一つのストーリーの中で人種差別とLGBTQ+に対する憎悪という二つの苦悩を扱うのには無理があった」と語っています。

> 一人ひとり、
> 用意されている旅はちがうんだ。
> だれのことを好きになるかも
> わからないし……
> もし男の子を好きになったら、
> それは男の子が好きってだけで、
> それを病気だと思うアメリカ人が
> 大勢いるってことの方が
> むしろ問題だろう。
>
> ジェイムズ・ボールドウィン、1969年

1950年代、LGBTQ+の人たちがどれほど抑圧に苦しんでいたか、今の時代からは想像できないでしょう。国によって法律はさまざまですが、同性愛が合法とされている国のLGBTQ+の人びとですら、道徳的、社会的に許容されていないという、大きな負い目を感じていました。同性愛が犯罪とされたことが一度もないポーランドや、同性愛が犯罪から除外されたデンマーク（1933年）、スイス（1942年）、アイスランド（1940年）、スウェーデン（1944年）といった国でも、LGBTQ+の人びとが生きやすかったわけではありません。

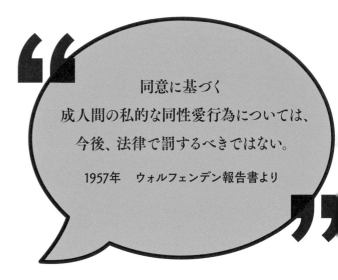

> 同意に基づく
> 成人間の私的な同性愛行為については、
> 今後、法律で罰するべきではない。
> 1957年　ウォルフェンデン報告書より

アメリカに続いてイギリスでも、LGBTQ+をきびしく取り締まり、公職から同性愛者を締め出そうとする動きが拡大していきます。警察官がゲイになりすましてグループに潜入し、1950年代はじめには、毎年約1000人が逮捕されています。

1953年、イギリスの名俳優で舞台演出家のジョン・ギールグッドが潜入捜査のわなに落ち、逮捕劇の一部始終が新聞に書きたてられます。ギールグッドは罰金刑だけですみ、収監されることはありませんでしたが、この事件が引き金になってノイローゼを発症します。

こうした陰険な魔女狩りを繰り返していると、そのうち追いつめられたゲイの公務員が、国家機密を漏らしかねないと危惧したイギリス政府は、ジョン・ウォルフェンデン率いるウォルフェンデン委員会を立ち上げ、同性愛に関する法律改正の是非を検討しはじめます。

ウォルフェンデン委員会

委員会では3年以上をかけて、ゲイから62回にわたる聞き取りを行なっています。「ホモセクシュアル」や「男娼」といった言葉を使うと、女性秘書が動揺するかもしれないというので、「ハントレー・アンド・パーマーズ」という、有名なビスケットの名前が暗号として使われます。

1957年、完成した155ページにわたる報告書は、同性愛を犯罪にすべきではないと結論づけます。これを受けて、1958年には同性愛法改正協会が設立され、ようやく長いトンネルの先に光が見えはじめますが、イングランドとウェールズで実際に法律が改正されたのはその9年後のことでした。この法律改正はヨーロッパの公民権の歴史に大きな足跡を残しました。

アラン・チューリングは、
毒リンゴを食べて自らの命を絶った。

アンドレ・ジッド（1869〜1951年）

フランスの作家。ゲイであることを公表した作家としてはじめて1947年に、ノーベル文学賞を受賞。

ドーン・ラングレー・シモンズ（1922〜2000年）

イギリスの作家。男性として生まれ、波乱に満ちた人生を送る。アメリカで初期の性別適合手術を受けた人の一人。

アレン・ギンズバーグ（1926〜1997年）

アメリカの詩人。「ビート・ジェネレーション」と呼ばれる活動グループの中心的メンバーで、同性愛者であることを公表している。

アラン・チューリング（1912〜1954年）

1950年代のゲイの魔女狩りで犠牲となったイギリスの天才数学者。第二次世界大戦では暗号解読者として連合国軍に協力し、ナチスを破る上で重要な役割を果たします。国民的英雄とたたえられますが、1952年、男性との交際が「重大わいせつ」にあたるとされ、有罪判決を受けます。服役する代わりに「化学的去勢＊」に同意しますが、1954年に死亡。自殺と考えられています。2013年、恩赦。

＊性欲抑制を目的にした女性ホルモンの投与。

オードリー・ロード

1934〜1992年

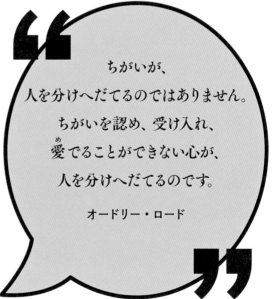

レズビアンが社会に受け入れられなかった時代、ロードはレズビアンであることを堂々と公言し、自身のことを、黒人、レズビアン、フェミニスト、母、詩人、戦士といくつもの呼び名で表しました。その作品には、自身の性的指向から人種、ジェンダー、フェミニズム、政治のことまで、さまざまなテーマが取り上げられています。ロードは、人というのは複雑で、一つの「箱」にすんなり収まるものではなく、たくさんの異なるアイデンティティによって人生は形作られると考えていました。

　ロードは3人姉妹の末っ子としてニューヨークのハーレムで生まれます。両親は西インド諸島出身で、黒人生徒はクラスで自分ひとりだったため、居心地の悪さと孤独感に苦しみます。そのうえ極度の近視で、視覚障害者でもありました。

　12歳で詩を書くようになり、1951年には、最初の詩「春」が雑誌『セブンティーン』に掲載されます。

> ちがいが、
> 人を分けへだてるのではありません。
> ちがいを認め、受け入れ、
> 愛でることができない心が、
> 人を分けへだてるのです。
>
> オードリー・ロード

　ティーンエイジャーになったロードは、女性教師や複数のクラスメイトに恋愛感情を抱きます。のちに発表する詩の一つ、「イェマンジャの家から」には、周囲になじめないでいるロードの心情がうまく表現されています。

> 母は二つの顔と、フライパンを一つ持っていて、
> 夕食をつくるより先に、
> 娘たちをあっというまに
> 女の子につくり上げる。
> 母は二つの顔と、こわれた鍋を一つ持っていて、
> 完璧な娘を、そこに隠している。
> でも、その娘は、
> 私ではなかった……。

　学校を卒業したロードは図書館司書になり、レズビアンを自認しながらエドワード・ロリンズという男性と結婚します。2人の子どもに恵まれますが、1970年に離婚。オードリーは公民権運動に参加するようになり、積極的に意見を表明していきます。

　詩のグループを主宰するようになったロードは、フランシス・クレイトンという女性と恋に落ち、家族として暮らすようになります。1968年、ロードにとって初の詩集、"The First Cities"（最初の都市）が、1970年には2冊目の "Cables to Rage"（怒りの導線）が出版されます。その中の「マーサ」と題された詩の中で、ロードはカミングアウトします。多くの読者の心をつかむようになったロードは、母、レズビアン、黒人女性、そしてフェミニストという立場から伝えたいテーマを取り上げ、エッセイや散文の中で自分の思いを発表していきます。

　1978年、ロードは乳がんを発症し、その病歴を『ガン日記』に記録しています。犠牲者扱いされることを嫌い、自分やすべての女性たちが、戦士としてたたえられることを望んだロードは、十年以上にわたる闘病のすえ、58歳でこの世を去ります。

　黒人でレズビアンで女性、そのアイデンティティこそが自分という人間をつくっている、そう信じた人物として、ロードの生き様は人びとの心に刻まれています。「ちがいとは、慈しみ、育てるものであって、こわすものではない。それを、ぜひわかってもらいたい」と、人びとを鼓舞し続けました。つねにたくましく、誇りを持ち、けっして自分を卑下することのなかったロードの力強い言葉は、今もなお多くの人びとをはげまし、自分のアイデンティティを真正面から受け止める勇気を与えています。

自分にとっての プライドとは

〔名前〕 ムペラ・ムンバ

〔年齢〕 24歳

〔性自認〕 クイア

　自分にとって、プライドとは恐れないこと。この現代社会で、黒人で女性でクイアの若者であるってことはすごいことで、こわくもあるけど、わくわくもする。だから恐れることなんかない。この数年、自分がどういう人間で、どんなふうになりたいか、いろいろ考えてみた。今の社会、女性であるってだけでも大変なことなのに、そこへきて黒人で、しかもクイアだなんて、どうしていいかわからなくなることもある。

　個人的な経験からいうと、ピープル・オブ・カラー（非白人）がカミングアウトするのって、正直、LGBTQ+コミュニティの中でもけっこうきびしい。最初は、そういうコミュニティとの関わりもなかったけどね。だって、ほかの人から注目されることに慣れてなかったし。LGBTQ+コミュニティの情報って、なかなか入ってこないんだよね。自分は幸い、UK ブラック・プライド*の仲間に入ることができた。おかげで希望の光が見えたし、自分はありのままで美しいってわかった。

—————————————————————
＊LGBTQ+の中でも人種的マイノリティを対象に活動する団体。

実を言うと、カミングアウトしたとき、アフリカ人の母にはなかなかわかってもらえなかったんだ。伝統的な倫理観を持った親たちには、簡単に理解できるものじゃなかったのね。でも、こういうときこそ、自分のことを大切に思わなきゃ。黒人女性がカミングアウトするのって、ものすごくハードルが高いことだと思う。でも自分というものをしっかり持って、これまで以上に自分のことを愛さないとね。

> カミングアウトしたとき、
> 外に向かって出ていくっていうより、
> これからなろうとしている自分を受け入れるような感じがした。

黒人のクイアとしての経験を話すのは、大事なことだと思う。プライド運動をはじめたっていっても、今の社会ではまだ受け入れられてなかったり、理解されてなかったりもする。もっと声を上げて、自分たちのプライドがいかに強固で、輝かしいものか、社会に示していくことが大切だと思う。

黒人で女性でクイアの自分を受け入れた上で、その自分と折り合いをつけるのって、簡単なことじゃない。自分に自信が持てなくなるときもあるけど、はっきりしているのは、自分はこれからも成長していくし、今はまだ自分さがしの旅の途中だってこと。なにごとにも、これで終わりっていうのはないんだよね。人生も変わるし、私たちも変わって、成長して、進化していく。呼び名（タイトル）はすたれていっても、物語の方はどんどん先に進んでいくんだ。今このときにたしかなものなんて、なにもない。大事なのは人生を、この先の変化を楽しみながら生きることなんだ。

プライドの
誕生

1969年6月のむし暑い夜、LGBTQ+の権利の歴史が大きく動きます。ストーンウォールの反乱です。これまで多くの人びとやグループが力を合わせて権利を求めてきましたが、このストーンウォールの反乱が象徴的だったのは、この反乱をきっかけに、運動が世界に広がったことでした。

　　反乱の前までは、とにかく抗議の声に耳をかたむけてもらおうと必死で、抵抗というよりも、お願いするようなトーンでした。それが今や、我慢の限界を超えたのです。闘いの火ぶたが切られ、怒りが通りにあふれ出します。そして新しい自信がみなぎるにつれ、ふくらんでいったものがもう一つありました —— プライドです。

はじまった抵抗

　1960年代は、ヨーロッパで政治や社会が大きく変化した時期でした。若者たちが権威に対して疑念を抱くようになり、1950年代に強いられた社会への同調に反抗しはじめたのです。女性からもマイノリティからも、自由と権利を求める声が上がります。アメリカでは、アフリカ系アメリカ人の公民権をめぐる闘いが本格化し、ベトナム戦争に抗議する人びとの声が、抵抗勢力になっていきます。

　1960年代、LGBTQ+をめぐって、前進した部分もあれば、後もどりした局面もありました。1961年、ハンガリーでは同性愛が犯罪から除外され、1962年、アメリカでもはじめてイリノイ州が同性愛を犯罪から除外します。1967年、イギリスでは性犯罪法の制定によって、21歳以上の男性間の同性愛行為が合法化され、歩むべき道に一歩をふみ出しますが、対象はイングランドとウェールズに限られ、完全な合法化にはいたりませんでした。

　1961年、ローマカトリック教会は、「同性愛という〈ひねくれた好み〉に侵された者には、修道誓願を行なうことも、司祭に就くことも認めるべきではない」という意見を表明します。同性愛が犯罪でなくなったからといって、社会の受け止め方がすぐ変わるわけではなく、LGBTQ+の人びとが蔑まれることに変わりはなかったのです。

　1966年、ストーンウォールの反乱に先立つこと３年、マタシン協会*が規模は小さいながらも、大きな意味を持った抗議の行動に出ます。当時、ニューヨークにある多くのバーでは、ゲイには飲食のサービスを提供しませんでした。州の酒類管理局が、ゲイの常連客は「暴れる」恐れがあるとして、規制の対象にしていたからです。４月21日、３人のマタシン協会のメンバーが、新聞記者といっしょに人気のバーに入店します。３人は自分たちがゲイであることをバーテンダーに告げて、飲み物を注文しますが、予想通り断られます。このやり取りは新聞で取り上げられ、LGBTQ+の人たちが繰り返し受けてきたいやがらせに注目が集まります。この抗議活動は「Sit-in（座り込み）」にからめて「Sip-in（飲み物をすする）」と呼ばれます。この出来事に対して、ニューヨーク市人権委員会は、ゲイにもサービスを受ける権利があると宣言し、こうした小さな抗議行動でも、社会を変えることができることを実証します。さらにこの行動をきっかけに、より大きな抗議の輪が広がっていくのです。

*1950年にアメリカで設立された全国規模のゲイ権利団体。

バイヤード・ラスティン（1912〜1987年）

　バイヤード・ラスティンは、黒人としてゲイとして、さまざまな差別と偏見にさらされました。アメリカの公民権運動のキーパーソンとして活躍したラスティンですが、ゲイであることを理由に、その功績が評価されることはありませんでした。

　クエーカー教徒の家に生まれたラスティンは、非暴力による抗議を信条にし、1950年代、マーティン・ルーサー・キング・ジュニアの師として非暴力を説きます。ゲイであることを隠そうとしなかったラスティンですが、公民権運動の指導者の間から、ゲイが運動に関わっていることで、公民権運動の理念に誤解が生じるという声が上がったため、ラスティンは活動の表舞台から身を引きます。ラスティンが、キング牧師の「私には夢がある」という演説の舞台になった1963年のワシントン大行進の影の立役者だったことを知る人はほとんどいませんでした。

バイヤード・ラスティン

> 66 自分が同性愛者であることを、どうしても表に出す必要があったんだ。でないと、自分も偏見の片棒をかつぐことになってしまうから。 99
>
> バイヤード・ラスティン

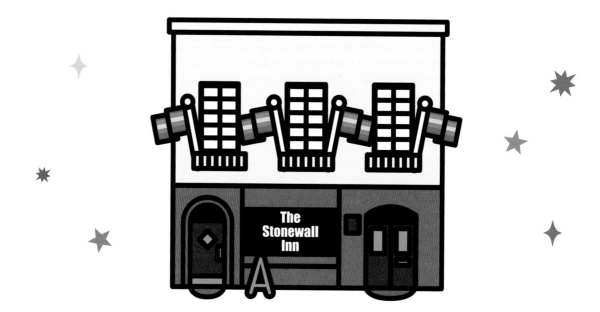

　ニューヨークのグリニッジ・ヴィレッジにあるバー、ストーンウォール・インは、ゲイやレズビアン、トランスジェンダー、ドラァグ・クイーンたちが、安心して自分をさらけ出すことができる場所でした。当時は、人前で男性同士が手をつないだだけで刑務所行きになったぐらいですから、LGBTQ+の人たちがありのままの自分を出せる機会はとても限られていました。

　ニューヨーク市警は、バーを閉店にする口実を見つけようと、定期的に立ち入り捜索をしていました。1969年6月28日の未明、警察官たちはストーンウォール・インに立ち入ります。3日前にもおなじように店にふみ込まれたばかりで、繰り返されるいやがらせに、みんなうんざりしていました。警官たちは、例によって乱暴に身分証を見せることを求めましたが、その夜は手はず通りにことは運ばず、収拾がつかない事態に発展していきます。拘束された客たちが店の外へ連れ出され、車に押し込められようとしたときでした。騒ぎを知って店の前に集まってきた群衆が警官に物を投げはじめたのです。

社会に影響を与えたLGBTQ+の有名人④

ホセ・サリア
（1922〜2013年）

　ドラァグ・クイーンで活動家。1961年、ゲイであることを公にした人物としてはじめて、アメリカの公職に立候補した。

リタ・メイ・ブラウン
（1944年〜）

　活動家、フェミニストで作家。1973年に小説『ルビーフルーツ・ジャングル』を発表。その赤裸々なレズビアン描写で世間を驚かせる。

テッド・ブラウン
（1950年〜）

　アメリカ生まれのイギリス人活動家でゲイ解放戦線のメンバー。「メディアの同性愛者嫌悪に反対する黒人レズビアンとゲイの会」を設立する。

　だれが、どのような行動をとったかについては、さまざまな証言がありますが、ある目撃者によると、ストーミー・デラーヴァリーという黒人のレズビアンがパトカーに押し込まれようとしたとき、見物していた人に向かって「なんとかしなさいよ！」と叫んだことがきっかけだったと言います。たちまち怒りに火がつき、群衆がパトカーを取り巻いて、タイヤを切り裂き、警官に向かってビンや石を投げつける事態となり、警官たちは店内に待避して、バリケードを築いて身を守ります。

　その夜、警官たちは応援部隊によって救出されますが、「反乱」は終わりではありませんでした。さらに丸6日、人びとは昼も夜も通りへ繰り出しては、警官たちの抑圧的で横暴なふるまいに抗議の声を上げたのです。もう後もどりすることはありません。LGBTQ+の人びとは平等を求めて立ち上がったのです。

"　一瞬だって見逃さない。

これは革命なの！**"**

1969年のストーンウォール反乱での、

シルビア・リベラの言葉

シルビア・リベラ（1951〜2002年）

　ラテンアメリカ出身のドラァグ・クイーンのシルビア・リベラは、ストーンウォールの反乱で人びとを動員し、トランスジェンダーの権利のために奮闘しました。リベラはつらい子ども時代を送り、11歳のころから路上生活をはじめ、やがてドラァグ・クイーンのグループに身を寄せるようになります。ストーンウォールの反乱の後は、新たにできたゲイ解放戦線（GLF）に加わり、友人のマーシャ・P・ジョンソン（P.62参照）といっしょにSTAR（路上異装者の行動革命家）を結成します。貧困に喘いできたリベラは、社会の片隅で生きる人たちに心からの共感を表します。当時は、LGBTQ+の人びとの間ですら、トランスジェンダーはなかなか受け入れてもらえなかったのです。

マーシャ・P・ジョンソン

1945〜1992年

マーシャ・P・ジョンソンは、かつて「ドラァグ・クイーンになる前、自分は〈どこの馬の骨ともわからない、だれでもない人間〉だった」と言っています。この「だれでもない人間」が、ストーンウォールの反乱で重要な役割を果たし、さらにはLGBTQ+の権利、とくにピープル・オブ・カラー（非白人）の権利を求める活動の先頭に立っていくのです。

　出生時マルコム・マイケルズと名づけられたジョンソンは、5歳ごろからドレスを着はじめ、見つかっては罰を受けていました。高校卒業後は、ニューヨークのグリニッジ・ヴィレッジに引っ越し、生きていくためにセックス・ワーカーになります。ニューヨークのドラァグ・クイーンたちに家族のような親しみを覚えたジョンソンは、やがて「ドラァグ・マザー」となり、住むところのないLGBTQ+の若者たちをサポートします。

　ジョンソンは、奇抜な帽子をかぶり、ジュエリーをたくさんつけるのが大好きでした。名前の真ん中についている「P」は何の略かとたずねられると、「Pay it no mind!（どうだっていいでしょ！）」と答えるのでした。性別をたずねられても、答えはおなじ。当時はまだ「トランスジェンダー」という言葉が使われていなかった上、レッテルを貼られるのが好きではなかったのです。

　ジョンソンと、友人のシルビア・リベラは、グリニッジ・ヴィレッジでドラァグ・クイーンとして有名になります。ストーンウォールの反乱についてはさまざまな証言がありますが、目撃者の情報では、ジョンソンとリベラの2人は暴動の最前列にいました。その後、ジョンソンはゲイ解放戦線（GLF）に加わり、抗議活動のリーダーになっていきます。そして、リベラと共に「路上異性装者の行動革命家（STAR）」＊を結成し、路上生活をするトランスジェンダーの若者たちのためのシェルターを開設します。

＊正式名称は「Street Transvestite Action Revolution」。トランスベスタイトは、ジェンダー役割とは異なる性表現を指向する人。異性装者、クロスドレッサー。

1980年代、エイズ危機でLGBTQ+の人びとが打ちのめされていたとき、ジョンソンは先頭に立って募金活動を行ない、世間の関心を高めるため、ACT UP（アクト・アップ：エイズ解放連合）に加わって行進します。

このような活動家としての顔を持つ一方、ジョンソンはホット・ピーチズというドラァグ・クイーンの一団のメンバーとして、定期的にニューヨークやロンドンで公演を行なっていました。1975年には画家のアンディ・ウォーホールが、シルクスクリーンの技法でジョンソンの肖像画を制作しています。

友人たちによれば、ジョンソンは活発で気前のいい性格だったようですが、一方で、精神的に不安定になり、ときどき入院もしていました。

1992年、ハドソン川で死体となって見つかるという痛ましい最期を迎えます。46歳でした。死因についてじゅうぶんな説明はなく、自殺とされましたが、友人たちの多くは、ジョンソンは殺されたと主張しています。

正しいと思ったことのためには、闘うことをけっして厭わなかったジョンソン。「だれでもない」人の気持ちをよく理解する人物として、弱い立場にあるトランスジェンダーの人たちが温かく迎え入れられ、安心して暮らせる社会にするため、勇敢に闘いました。ゲイ解放運動にその身を捧げたジョンソンですが、これまでその功績はじゅうぶんには認められてきませんでした。事件から50年経った2019年、ストーンウォール・インの近くにジョンソンとリベラの勇気と功績をたたえる記念碑が設置されることが発表されています*。

> いつになったらわかるわけ？
> 私たちはみんなきょうだいで、
> 人間で、人類っていう人種なの。
> つまり、
> あと何年したらわかるのかってこと。
> 私たちはみんな、
> この生存競争を、
> 生きぬかなきゃいけない
> 仲間だってことにさ！
>
> マーシャ・P・ジョンソン

---

*2021年8月、ニューヨークの公園内にジョンソンのブロンズ像が完成、お披露目された。

声を上げよう

ストーンウォールの反乱で一つ明らかになったことがあります。それは、行動なしには、なにも変わらないということ、LGBTQ+の活動家たちがさらに一つにまとまって、もっと目立つ形で、大きな声を上げていくことが必要だということです。反乱から数年、世界的な運動が形になってくるにつれ、人びとのあいだに期待感が広がります。

ストーンウォールの反乱からすぐ、アメリカではゲイ解放戦線（GLF）が結成され、すべての人の性の解放を求めます。GLFは新聞『カム・アウト！』を発行し、集会やデモを計画します。1970年の後半には、ロンドンにGLFの支部が置かれます。「ゲイ・デー」を企画し、お祭りや抗議活動を行なっては、高い発信力を持ったメディアの関心をひきつけました。

その後いくつかのグループに分裂したGLFですが、その行動計画では「対決」と「直接行動」が不可欠なものとされていました。1960年代には、カミングアウトしたり、表立って活動したりするLGBTQ+はほとんどいませんでした。家族から縁を切られたり、失業の憂き目にあったり、逮捕されたりすることを恐れ、思い切れずにいたのです。しかし、今や、数を味方につける必要があり、みんなが恐れを乗り越えて、街頭に出ることが求められたのです。

> **❝** ついに日の当たるところを歩くときがきた。
> 許しを請う必要もない。
> ついにここまできた！ **❞**

活動家のマーサ・シェリー
1969年7月、ニューヨーク州で開かれたゲイ・パワーの集いで

ジャッキー・フォースター
（1926～1998年）

　1970年代以降、LGBTQ+の人権運動を率いたひとりが、イギリス人の俳優で報道記者のジャッキー・フォースターです。1969年、ある集いの場で、「みなさんが今目にしているのが、まさにその同性愛者です」とさらりと言い、自身がレズビアンであることを明かします。この言葉にうながされるように、多くのLGBTQ+の人たちが自ら名乗り出ました。ゲイ解放戦線（GLF）の設立メンバーでもあるフォースターは、「同性愛者の平等のためのキャンペーン（CHE）」にも加わり、1971年、ロンドンで最初に開催されたプライド・パレードに参加します。テレビ番組にもたびたび出演し、自身の性について率直に語り、1972年から1981年まで続いたレズビアン雑誌、『サッフォー』には創刊時から刊行に携わっています。

なにも悪くないし、病気でもない

　1973年、オーストラリアの医師会は、同性愛を精神病、精神障害の分類から外します。その2カ月後には、アメリカ精神医学会もおなじ判断をします。この判断は、LGBTQ+の人権の闘いにおいて画期的な勝利となり、LGBTQ+に対する見方が変わるきっかけとなります。一方、トランスジェンダーが世界保健機関（WHO）の定める精神障害リストから外されたのは、2019年になってからのことです。

バイセクシュアルで活動家のブレンダ・ハワード（1946～2005年）は、1970年、ニューヨークではじめて開催されたLGBTQ+の「解放」パレードの企画と運営に深く携わりました。パレードのスローガン、「プライド」はハワードが考えた言葉で、以後、「マザー・オブ・プライド（プライドの母）」の名で知られるようになります。ハワードが生み出した「プライド」というパレードのアイデアはまたたくまに世界じゅうに広まり、ロンドンでは1972年にプライド・パレードが、イタリアでは1978年、ドイツとスペインでは1979年にプライド・パレードが開催されます。

セイ・イット・ラウド
ゲイ・イズ・プラウド*

第1回
ニューヨーク・プライド・パレードの
公式スローガン

＊声に出して叫ぼう、
ゲイは誇りだ！

シドニーでも、1978年の6月、ストーンウォールの反乱に敬意を表すパレードが開かれますが、警察が暴力でこれを止めに入り、多くの逮捕者が出ます。このいまわしい出来事の後、オーストラリアではLGBTQ+に対する法の取り締まりが緩和されます。1980年からは、シドニーのマルディグラ通りで毎年大きなお祭りが開かれるようになり、今やもっとも彩りにあふれた、世界最大級の「プライド」行事の一つになっています。

ピーター・タッチェル（1952年～）

オーストラリア生まれのピーター・タッチェルは、LGBTQ+の権利のため、50年近くにわたって最前線で闘ってきました。ゲイ解放戦線の中心メンバーで、1972年にロンドンではじめて開かれたプライド・パレードの企画にも携わっています。1973年には、当時はまだ共産圏だった東ドイツで抗議活動を行ない、シュタージ秘密警察の取り調べを受けます。タッチェルは、ストライキなどの争議活動を行なう「アウトレイジ！（Outrage!）」というグループの中心メンバーでしたが、その後、ピーター・タッチェル財団を設立し、人権と地球規模の民主主義の大切さを提言します。2007年には、モスクワで禁止されていたプライド・パレードに参加中にネオナチから暴行を受けています。

　今では世界各地で、毎年何千ものプライド関連のイベントが開かれています。「恥」の対極にあるこの「プライド」という言葉は、LGBTQ+の人びとには平等に扱われ、認められる権利があり、尊厳をもって接しなければならないことを表しています。今日、西側諸国では、ほぼすべての国でプライドの開催が認められていますが、世界では、開催が認められていない国も、たくさんあります。最近では、トルコのイスタンブールで行なわれたパレードに、催涙ガスやゴム弾が使用され、ロシアでは、2006年からモスクワ・パレードがはじまりましたが、毎回きまってはげしい攻撃を受けます。こうしたなか2012年、モスクワの裁判所は向こう100年間のプライド・パレードを禁止します。

> 世間の反応はさまざまだったよ。敵意に満ちたものもあった。
>
> でも多くの人が示したのは、興味、または驚きだったよ。
>
> ほとんどの人が、意識してゲイを見たことなんてなかったからね。
>
> 大勢のクイアによる自由を求める大行進なんて、注目されて当然さ。

ピーター・タッチェル
1972年ロンドンで最初の公式プライド・パレードについて（2017年）

レインボー・フラッグ

　1977年、ハーヴェイ・ミルク（ゲイであることを公言しながら、アメリカの政治家になった一人）はアーティストのギルバート・ベイカーに、ゲイの人たちのシンボルを考案してほしいと依頼します。こうして生まれたのがレインボー・フラッグです。当初、旗の縞は8色でしたが、やがて2色（「セクシュアリティ」を表すピンクと、「魔法・芸術」を表す青緑＝ターコイズ）が消え、6色が残ります。

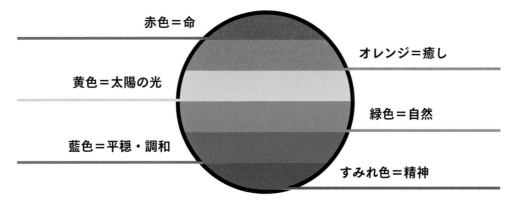

赤色＝命
オレンジ＝癒し
黄色＝太陽の光
緑色＝自然
藍色＝平穏・調和
すみれ色＝精神

ハーヴェイ・ミルク

1930〜1978年

多くのLGBTQ+の人びとが、日常的に嫌悪や差別に
さらされていたころ、ゲイであることを公にし、人権
のために闘ったミルクの市政執行委員*1当選は、LGBTQ+の
人びとにとって希望の光となります。その後、あえなく暗殺されますが、平等な社
会の実現というミルクの夢は、消えることはありません。

　ニューヨーク生まれのミルクは、スポーツやオペラが好きで、友だちの多い少年でした。ティーンエイジャーになると、男の子に惹かれることに気づきはじめますが、自分の心の内だけにとどめます。1951年に教育学士を取ったあとはアメリカ海軍に入り、朝鮮戦争のあいだ、中尉にまでなります。1955年、ニューヨークにもどったミルクは、教師をしたり、劇場や投資銀行で働いたりと、さまざまな仕事につきます。このころには男性との交際を求めるようになりますが、はじめのうちは社会生活とプライベートを切り分けていました。

　劇場の仕事を通して、きらびやかなゲイ文化に触れたミルクは、これまでの保守的な見方を変え、自身の性指向を受け入れ、政治については革新寄りの立場を取るようになります。

　1972年、パートナーのスコット・スミスとサンフランシスコに移ったミルクは、「カストロ・カメラ」というカメラ店を開きます。サンフランシスコではゲイ・コミュニティに勢いがありましたが、警察からのいやがらせも日常茶飯でした。ミルクはやがてLGBTQ+の活動家として、ゲイ・コミュニティのリーダーと目されていきます。

　1973年、ミルクはサンフランシスコの市政執行委員の選挙に打って出ます。感動的な演説で人びとを熱狂させますが、政治経験、資金不足から落選が続き、1977年、3回目の挑戦で、それまでの活動実績と多くの人びとの支えにより、ついに当選を果たします。

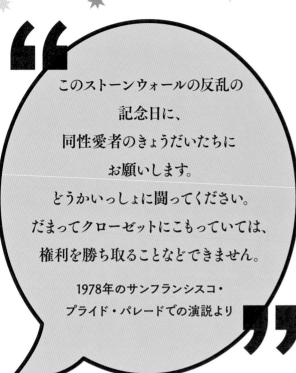

> このストーンウォールの反乱の
> 記念日に、
> 同性愛者のきょうだいたちに
> お願いします。
> どうかいっしょに闘ってください。
> だまってクローゼットにこもっていては、
> 権利を勝ち取ることなどできません。
>
> 1978年のサンフランシスコ・
> プライド・パレードでの演説より

市政執行委員になると、ミルクはリベラル派の市長、ジョージ・モスコーニと共同歩調を取ります。市長は、市のソドミー法の適用範囲をせばめて、LGBTQ+の人びとを各種委員に任命できるようにします。

しかし、ミルクの活躍を快く思わない人物がいました。ベトナム戦争の退役軍人でおなじく市政執行委員だったダン・ホワイトは、伝統的な価値観がくずれていくのを目にし、しだいに市政に不満をつのらせていきます。ホワイトはいったんは委員を辞職しますが、数日後に復職を願い出て、拒否されます。その腹いせに、市庁舎に窓からしのび込み、モスコーニ市長を、続いてミルクを射殺します。

その夜、何千人もの人びとがろうそくを手にして、サンフランシスコ市内を行進しました。ミルクの意思を尊重するなら、暴力に訴える抗議行動は避けるべきだという気持ちがあったのです。しかし、裁判でダン・ホワイト被告に、過失致死の判決が下されると、LGBTQ+の人びとの怒りが爆発し、暴動が起きます。ホワイトは殺人罪に問われることもなく、7年の懲役のところを5年で刑務所から出ています。

今日、ハーヴェイ・ミルクの名は、差別や危険にさらされながらも、当時、不可能だと思われていた政治家としての道に、ひるむことなくいどんでいった人物として人びとの心に刻まれています。そんな彼の姿は、多くのLGBTQ+の人びとに力を与え、人びとがクローゼットから出て[2]、心情を語り、ミルクのいう「沈黙という名の共謀」からぬけ出すきっかけをつくったのです。

---

[1] 立法には関与せず、行政の立場から市政を監視する役職。

[2] come out of the closet＝カミングアウト。

ハーヴェイ・ミルク

世界の
プライド・パレード

　ストーンウォールの反乱から50年以上がたった今では、世界各地で毎年200件を超えるパレードやパーティ、集会が開かれています。「プライド」の動きは世界中に広がりましたが、国によってはまだ迫害されたり、政府から暴力を受けたりする危険にさらされながら、参加している人たちもいます。

ニューヨーク（アメリカ合衆国）

　ストーンウォールの反乱から１年後の1970年６月28日、ニューヨークで開かれた最初のプライド・パレードでは、2000人を超える人たちがセントラルパークを行進しました。このときのパレードは、ストーンウォール・インがあった通りの名前を取って、「クリストファー・ストリート解放デー」と呼ばれています。ストーンウォールの反乱50年となる2019年には、400万人以上の人びとが、華麗なストリート・パーティに参加しました。

ヨハネスブルグ（南アフリカ）

　1990年、南アフリカ初、またアフリカ大陸初となるプライド・パレードがヨハネスブルグで開かれます。アフリカ大陸は、今もまだ広い範囲で反ゲイ法が残っていることで有名ですが、ヨハネスブルグの「プライド・オブ・アフリカ」は、今日、アフリカ最大のLGBTQ+イベントとなっています。

上海（中国）

　2009年、中国ではじめてとなるプライド・イベントが、上海で開かれました。欧米の規模と比べると小さいですが、アジアでもっとも急成長しているプライド・イベントで、中国での結婚の不平等の問題などに関心を持ってもらうねらいもあります。

トロント（カナダ）

1971年にはじまった「プライド・トロント」は世界最大級の、そしてもっとも多様性に富んだプライド・パーティの一つです。毎年6月に、1カ月をかけて行なわれるこのイベントでは、プライド・パレードのほかに、ダイク（レズビアンのこと）・マーチやトランス・プライドといったイベントも行なわれています。

ウガンダでは、プライド行事は、
政府の弾圧を受ける。

ウガンダ

ウガンダでは同性愛は違法で、2019年には同性愛行為がふたたび死刑の対象となっています。そんな中、2014年にはじめてプライド・イベントが開かれますが、2016年と2017年の行事は、きびしい弾圧を受けます。これ以上行なうのは危険だということで、当面のあいだ、プライド行事はひかえられています。

テルアビブ（イスラエル）＊

中東最大のLGBTQ+のイベントである「テルアビブ・プライド」は、24時間パーティで知られる、1週間のお祭りです。1993年に始まり、毎年20万人以上のお祭り好きが集まってきます。

＊イスラエルはLGBTQ+に寛容な国として知られています。一方で、その政策は、隣国のパレスチナに対して厳しい弾圧や人権侵害を行なっているという非難の声をそらすための印象づけ（ピンク・ウォッシュ）だと批判されています。

サンパウロ（ブラジル）

毎年400万人以上が訪れるサンパウロのお祭りは、数あるプライド・イベントの中でもっともカラフルで最大規模のものです。とはいえブラジルでは、ヘイトクライムでLGBTQ+が標的になる比率が世界で最も高く、とりわけトランスジェンダーに対する犯罪が多発しています。

集まった人びとによって運ばれる
巨大なレインボーフラッグ。

マドリード（スペイン）

ヨーロッパ最大のプライド・イベントが行なわれるマドリードの中心部は、毎年巨大なパーティ会場となり、200万人のお祭り好きでにぎわいます。野外コンサートや、ダンスやショーのほか、派手な衣装のパレードが行なわれ、世界最高のプライド行事の一つになっています。

自分にとっての
プライドとは

〔名前〕 シェリナ

〔年齢〕 26歳

〔性自認〕 レズビアン

　私が生まれ育ったイースト・ロンドンは、ロンドンのベンガル人コミュニティの中心。レズビアンじゃないかって気づいたのは中学校の時期。でも、自分の心の奥底に押し込めておくしかなかった。カミングアウトしたら、どんなことになるのか心配だったからね。ここまでくるのは本当に大変だった。とくにティーンエイジャーのころは、ホルモンのコントロールが効かないから、すごく孤独で、なんだか自分が詐欺師みたいに思えて、それで周りから距離を置くようになったんだ。

　今はもう、親族や親しい友だち、同僚たちにも、私がレズビアンだって伝えてある。不思議なんだけど、いちばん自然でいられるのが職場なんだよね。気にせず、ありのままの自分でいられる。職場ではおおっぴらにだれかを差別しちゃいけないからなのか、それとも同僚たちが私のことを心から受け入れているからなのか、どっちかわからないけど。

　家族に打ち明けたとき、反応はよくなかった。予想通りだったけどね。今もなんとかいい関係になろうとしてるとこ。この件では友だちもなくした。でもカミングアウトしたことで友だちじゃなくなったのなら、よかったって思う。だって、本当は友だちじゃないってことがわかったからね！

　レズビアンでイスラム教徒のなにが大変かって、イスラム教徒と非白人（パーソン・オブ・カラー）っていう、ほかにもまだ向き合わなくちゃいけないアイデンティティが2つもあるってこと。このことを考えはじめると、精神的にすごくつかれちゃう。いろんな段階でアイデンティティ危機が起こることになるから。今もまだ答えは出てないし、これからも答えさがしは続くと思う。

> レズビアンでイスラム教徒、この2つと折り合いをつけることは可能。
> どっちかだけじゃなくて、ちゃんと共存できるの。
> そのいい見本が私。

　でも、いいこともたくさんある。親友のなかには、LGBTQ+のイスラム教徒が何人かいて、そのおかげで前向きな気持ちになれる。世間には自分とおなじような人がいるってことだから。

　LGBTQ+でイスラム教徒の人への見方もだんだん変わってきていると思う。20年前にはほとんどなかった支援団体も世界中にある。20年後にはLGBTQ+でイスラム教徒であることが、もうたいした問題じゃなくなっていて、「インシャー・アッラー」＊みたいな支援団体がいらなくなっていたらいいな。

＊　「神の思し召し」の意味。

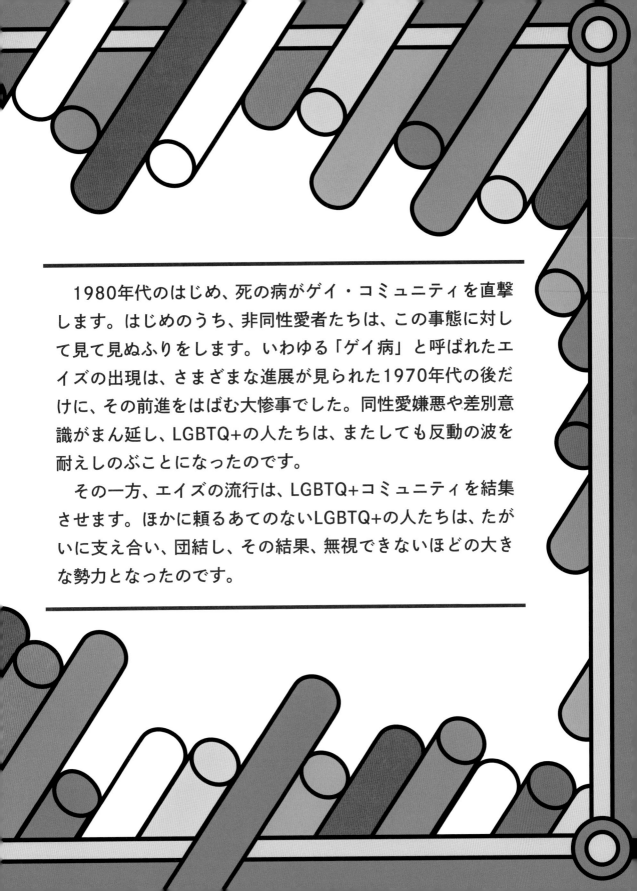

　1980年代のはじめ、死の病がゲイ・コミュニティを直撃します。はじめのうち、非同性愛者たちは、この事態に対して見て見ぬふりをします。いわゆる「ゲイ病」と呼ばれたエイズの出現は、さまざまな進展が見られた1970年代の後だけに、その前進をはばむ大惨事でした。同性愛嫌悪や差別意識がまん延し、LGBTQ+の人たちは、またしても反動の波を耐えしのぶことになったのです。

　その一方、エイズの流行は、LGBTQ+コミュニティを結集させます。ほかに頼るあてのないLGBTQ+の人たちは、たがいに支え合い、団結し、その結果、無視できないほどの大きな勢力となったのです。

不安と嫌悪

長いあいだ、LGBTQ+の人たちは、「同性愛は病気」という、人びとのあやまった見方に耐えてきました。しかし1980年代はじめ、本物の病気がLGBTQ+コミュニティを打ちのめします。

　HIV（ヒト免疫不全ウイルス）は、身体の免疫システムを攻撃するウイルスで、感染症に対する抵抗力を弱めます。HIVのもっとも進行したものがAIDS（エイズ：後天性免疫不全症候群）です。HIVを治す方法はありませんが、現在ではHIVと診断を受けても、薬を使えばふつうの生活を送ることができます。しかし1980年代から1990年代の終わりごろまでは、HIVの罹患は死の宣告を受けたのと、ほぼ等しかったのです。

　HIVにかかる可能性はだれにでもありますが、この病気が最初に欧米諸国に入ってきたときには、ゲイの男性のあいだで急速に広まりました。この病気は、一般的に、無防備な性交渉や、ドラッグの注射針の使い回しによって感染します。その一方、たとえばキスをする、食器をいっしょに使うといった、ふだんの接触では感染することはありません。

　研究者たちのあいだでは、HIVが発生したのは1920年ごろの中央アフリカと考えられています。ウイルスがいつアメリカに入り込んだのかははっきりわかっていませんが、1981年には、それまでぴんぴんしていたゲイの男性が、突如として奇病に感染したという事例がいくつか報告されます。その年の終わりには、アメリカだけで100人を軽く超える死者が出ます。世界中でHIVが流行り出し、またたく間に不安が広まります。テレンス・ヒギンズもこの病気で最初に亡くなったイギリス人の1人です。1982年7月の彼の死後、家族や友人たちは「テレンス・ヒギンズ財団」という慈善団体を設立し、最前線で闘っていきます。

1984年までに、科学者たちはAIDSの原因をつきとめ、HIVウイルスには、だれもが感染する可能性があることを公表しましたが、不安や疑いの矛先はLGBTQ+の人びとに向けられました。さらに世界中のマスコミが「ゲイ病、猛威を振るう」といった見出しで報じたことも、ゲイに対する偏見に拍車をかけ、彼らを孤立させました。

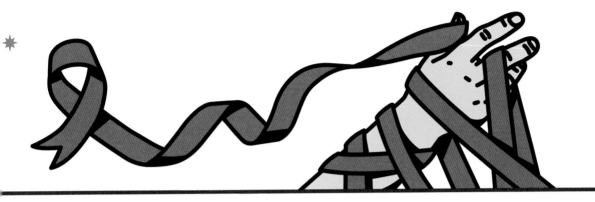

ロック・ハドソン（1925～1985年）

1985年、伝説のハリウッドスター、ロック・ハドソンがエイズになったという知らせに、世界は衝撃を受けます。そのわずか11週間後、ハドソンはこの世を去ります。ハドソンは1年にわたってHIVであることを隠していましたが、あまりのやせ方に、世間が噂したため、カミングアウトせざるをえなくなったのです。ハドソンがゲイであることは、ハリウッドでは公然の秘密でした。しかし世間的には、背が高く、筋肉質でハンサムという、いかにもアメリカ人らしいとされた出で立ちで、異性愛者の男性というイメージを長年売りにしてきたところがありました。彼の死は、エイズに対する人びとの関心を一気に高めます。ハドソンはエイズの研究機関の設立に25万ドルを遺していました。彼の遺志に触発された友人で女優のエリザベス・テイラーは、エイズ患者を支援する活動家として有名になります。

1987年までに、アメリカでは4万人がHIVに感染しますが、政府はなかなか対策に乗り出そうとはしませんでした。レーガン大統領が公の場でエイズについて言及したのは1987年になってからで、研究用の資金もまったく足りませんでした。その一つの理由に、エイズが「ゲイの問題」と思われていたことが挙げられます。

その一方、世界中で有名人の死が相次ぎ、その破壊的な力に人びとは驚愕しました。エイズの犠牲者には、次のような有名人もいました（カッコは没年）。フランスの哲学者ミシェル・フーコー（1984年）、アメリカ人のスーパーモデルのギア・キャランジ（1986年）、アメリカ人ピアニストのリベラーチェ（1987年）、イギリス人のロックスター、フレディ・マーキュリー（1991年）、ロシア人バレエダンサーのルドルフ・ヌレエフ（1993年）、アメリカ人テニスプレーヤーのアーサー・アッシュ（1993年）、オーストラリア出身のデザイナー、リー・バウリー（1994年）などです。

1987年、イギリスのダイアナ妃が、エイズで死を間近にした男性と握手をするという思い切った行動に出ます。当時はまだ、感染した人に触れるだけでも伝染する危険があると信じられていたので、ダイアナ妃のこの行動は、世界中に大きな衝撃を与えます。

一方、1987年には、アメリカ人活動家のラリー・クレイマーが中心になってアクト・アップ（エイズ解放連合）という団体を立ち上げます。アクト・アップの戦略は、抗議活動を意欲的に行なうことで、政府機関や製薬会社の重い腰を上げさせることでした。アクト・アップは国際規模で活動する組織となり、とりわけパリでは大きな影響力を持っていました。フランスでの抗議活動では、参加者がダイ・イン＊を行ない、医療研究者たちに血に似せた赤い水を投げつけ、エイズへの早急な対応を迫ります。

> アクト・アップから教わったんだ。
> おとなしく、いい子にしてたって、なにひとつ手に入らないってね。
> （蜂蜜でハエをつかまえるのとちがって）甘い手を使ったからって、うまくいくわけじゃないんだ。
>
> ラリー・クレイマー
> エイズの活動家

＊死者を装って地上に横たわる抗議行動。

社会に影響を与えたLGBTQ+の有名人⑤

セシリア・チョン（1965年〜）

香港のエイズ活動家。HIV感染したトランスジェンダーの人たちのためのネットワーク「ポジティブリー・トランス」を設立する。

マジック・ジョンソン（1959年〜）

アメリカ、バスケットボール界のスター。1991年にHIVに感染していることを公表。エイズは「ゲイ病」ではないことを世間が知るきっかけとなる。

ペドロ・ザモーラ（1972〜1994年）

キューバ系アメリカ人でテレビのパーソナリティ。リアリティ番組「リアル・ワールド」に、エイズにかかったゲイの男性として出演。

　感染の拡大はもはや無視できないレベルになっていましたが、効果的な治療法が出てきたのは、1996年になってからでした。その時点での死者は640万人にのぼり、ウイルスに感染していると見られる人は2200万人を超えていました。

　エイズ危機はゲイ・コミュニティを直撃します。多数の死者を出し、残された人たちは心に深い傷を負い、次はわが身と怯えました。それに加えて、増幅された同性愛嫌悪にも耐えなければなりませんでした。しかしその一方で、エイズはLGBTQ+の相互の結束を促していきます。レズビアンたちが中心になって、フードバンクを立ち上げ、エイズ患者たちの支援活動をはじめます。悲劇によって結束を強めたLGBTQ+コミュニティは、強力な政治勢力として力を蓄えていきます。

デモ行進するアクト・アップのメンバーたち。
1988年のニューヨーク・プライド・パレードで。

ライアン・ホワイト（1971～1990年）

　アメリカ人のライアン・ホワイトは、13歳でエイズと診断され、余命半年と宣告されます。血友病患者だったライアンは、汚染された輸血用血液からHIVに感染したのです。地元の人びとの不安と憎しみの目にさらされ、学校もライアンを追い出しにかかります。ライアンは訴訟を起こし、ライアンの名前は海外でも知られるようになります。ライアンに残された命は5年。エイズ患者に着せられた汚名と闘い、ウイルス感染について正しい知識を広めることに力を注ぎました。

ヴィト・ルッソ

1946～1990年

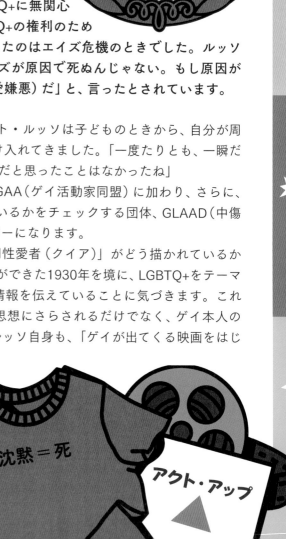

イタリア系アメリカ人のヴィト・ルッソは、ストーンウォールの反乱前の、まだ社会がLGBTQ+に無関心だった時代から1970年代にかけて、LGBTQ+の権利のために闘った活動家です。目覚ましい活躍をしたのはエイズ危機のときでした。ルッソ自身もエイズを発症しますが、「私はエイズが原因で死ぬんじゃない。もし原因があるとしたら、それはホモフォビア（同性愛嫌悪）だ」と、言ったとされています。

　ニューヨークのハーレムに生まれたヴィト・ルッソは子どものときから、自分が周りとちがうことに気づき、そのちがいを受け入れてきました。「一度たりとも、一瞬だって、ゲイであることがまちがいだとか、罪だと思ったことはなかったね」

　ストーンウォールの反乱の後、ルッソはGAA（ゲイ活動家同盟）に加わり、さらに、メディアがLGBTQ+の人びとをどう描いているかをチェックする団体、GLAAD（中傷と闘うゲイ・レズビアン同盟）の設立メンバーになります。

　ルッソは大の映画好きで、映画の中で「同性愛者（クイア）」がどう描かれているかを調べはじめ、ヘイズ・コード（P.36参照）ができた1930年を境に、LGBTQ+をテーマにした映画はどれも否定的で、まちがった情報を伝えていることに気づきます。これでは一般の人びとが、映画を通じて偏った思想にさらされるだけでなく、ゲイ本人の自己評価にもダメージを与えます。実際、ルッソ自身も、「ゲイが出てくる映画をはじめて見たのは高校生のときだったんだけど、そのゲイは最後にはのどをかっ切るんだ。そのイメージはその後ずっと頭からぬけなかったよ」と語っています。

沈黙＝死

アクト・アップ

　ルッソは、ホモフォビアがはびこる根底にゲイの印象をおとしめる表現があることを、社会に訴える活動をはじめます。1970年代、ルッソはアメリカ各地を回って、講演会や映画上映会を開きます。1981年には、ルッソの画期的な著書、『セルロイド・クローゼット』*が出版されます。

　1983年、ルッソは、LGBTQ+の人たち向けのはじめてのニュース番組「Our Time（私たちの時間）」を共同制作し、司会を務めます。また、アクト・アップ（P.78参照）の設立にも協力し、もっとも積極的な活動家の一人としてエイズ問題に関わります。

　ルッソはパートナーのジェフリー・セヴチクをはじめ、多くの友人をHIVで失っています。1989年、のちに賞を取ることになったドキュメンタリー映画『コモン・スレッド　キルトで綴る物語』に出演し、ほかの出演者と共に、愛する人を失った悲しみや怒りについて本音で語ります。1985年にはルッソ自身もHIVと診断され、しだいに身体がむしばまれていきますが、闘いを止めることはありませんでした。集会に参加しては声を上げ続け、1990年、44歳でこの世を去ります。

　けっしてひるむことなく現状を打開していった人物として、人びとに記憶されているヴィト・ルッソ。ゲイである自分を心から受け入れたルッソだからこそ、その信念をプラスの行動に変え、みんなを奮い立たせることができたのです。ルッソは自身の活動を通して、ネガティブな固定観念（ステレオタイプ）が偏見を助長させることを示しました。エイズ危機の際、煮え切らない政府に対する怒りが、ルッソを熱意あふれる、物言う活動家へとかりたてたのでした。

> いつの日か、
> このエイズ危機が終わって……
> この地球上の人びと
> ── 同性愛者も異性愛者も、男も女も、黒人も白人も ──
> 元気になったとき、
> みんなでこんな話に耳をかたむけるんだ。
> その昔、おそろしい病気がはやったとき、
> 勇気ある人びとが立ち上がって闘ったって。
> なかには、ほかの人たちが自由に生きられるよう、
> 自分の命をなげうった人もいたってね。
>
> 1988年、ワシントンDCでのアクト・アップのデモの際、
> ヴィト・ルッソが行なった演説より

*1995年、この書を原作にした同名のドキュメンタリー映画が制作された。ハリウッドで同性愛者がどのように扱われてきたかを、俳優など24人のインタビューで構成、111本の映画作品が登場する。

自分にとっての
プライドとは

〔名前〕 アレックス・ホールズワース

〔年齢〕 23歳

〔性自認〕 ゲイ

　プライドって、一部の人たちがいうように、自信とか自尊心って定義できると思う。この一部の人っていうのは、アイデンティティや文化、境遇を理由に、社会から仲間はずれにされている人たちのこと。この定義で、自分にいちばんピンとくるキーワードは「自信」だね。振り返ってみると、ティーンエイジャーのころは学校でとまどってばかりだったけど、あれは自信が足りてなかったからだって今ならわかる。だから自分を出せなかったんだ。ここでいう「自信」っていうのは、人前で話すときに緊張するとか、そういう自信とは別のものだよ。

　この自信のなさは、学校が進むにつれて問題になってきて、中学校の終わりごろ（イギリスでは16〜18歳）になると、精神的にもつらくなってきた。社交的なタイプだったけど、なんかしっくりこない感じがいつもあって。ほかのみんなは、自然に好きな人ができていくのに、自分はピンとこないんだよね。みんな、好きな人のことを話したり、気軽にデートしたり、なかにはつき合いはじめる人もいて、すごく楽しそうなのに。ぼくもおなじように女の子とデートしてみたけど、どっちかっていうと社会のやり方に合わせるとか、人に見てもらうことが目的みたいな感じで――これって、プライドとはまるで逆だよね。

　大学生になってようやく、本当のプライドがどういうものかわかったんだ。大学では、だれとデートしようが、どう振るまおうが自由なんだ。それに、好きに自分を出していいんだって思える雰囲気がある。なにより、相手を見る基準が、性指向みたいなささいなことじゃなくて、人間としていい人かどうかなんだ。

> 生まれてはじめて、
> 人って好きなように自分を表現していいんだって
> 思ったよ。

　家から遠い大学に進学したこともよかった。過去の自分をだれも知らない新しい環境で、自分さがしができる絶好のチャンスに恵まれたんだ。ある夜、ぼくはじっくり考えた。自分のどこをどう変えたら、もっと幸せになれるんだろうって。そして気づいたんだ。

　自分に満足できるようになるには、自尊心もなくちゃだめだって。自尊心と自信が結びついたとき、ありのままの自分を誇りに思えるようになるんだってね。

　それからすぐ後のことだった。生まれてはじめて、ゲイデートをしたんだ。ずっと求めていた自信が身体中にみなぎって、自尊心を感じたね。人生ではじめて自分に誇りを感じて、最高に幸せだったよ。

エイズ危機は、LGBTQ+コミュニティに大きな打撃を与え、新たな迫害と抑圧を招きました。その一方で、心の底から怒り、ふるい立った人びとは、変化の流れを止めてなるものかと、結束して闘います。セレブやスポーツ選手、政治家など、世間の注目を集める有名人がひとり、またひとりと、ものかげから出てきて、自分の性のアイデンティティを公表しはじめ、LGBTQ+コミュニティは次なる目標 ── 結婚の平等、つまり同性婚の合法化 ── に向け、闘いの準備に入ります。

逆境を乗り越え前へ

エイズはゲイ・コミュニティに深刻な打撃を与えただけでなく、猛烈な反発を呼びます。右翼団体は同性愛嫌悪のメッセージをばらまき、敵対的なメディアによる中傷活動は、世論に深刻な影響を与えました。たとえば、アメリカ人伝道師のジェリー・ファルエルなどは平然と、「エイズで神が罰したのは同性愛者だけじゃない。同性愛を受け入れてきた社会をも罰したのだ」といってのけました。

イギリスでは、1988年にマーガレット・サッチャー率いる保守党政権下で、通称「セクション28（28条）」と呼ばれる法案が議会を通過します。イギリスで100年以上ぶりとなるこの反同性愛法の復活は、その後何年にもわたり、LGBTQ+の若者たちに、はかり知れない影響をおよぼすことになります。この「セクション28」は、地方自治体が「同性愛を促進、助長」するようなことをしてはならないと規定します。その結果、教師がLGBTQ+について教えたり、同性愛嫌悪によるいじめに対応することに躊躇するようになり、図書館にゲイやレズビアンをテーマにした資料を置くこともできず、LGBTQ+の子どもたちを支援するための正当な予算も削減されるという事態を招きました。

活動家たちは猛反発します。レズビアンの活動家たちは、傍聴席から上院本会議場内に乗り込み、BBCのニュース番組の放映中に、4人のレズビアンが手をテレビカメラに手錠でくくりつけて番組を中断させます。マンチェスターでは2万人以上の人びとが抗議の声を上げて行進し、俳優のイアン・マッケラン卿は怒りを表すため、自らもゲイであると名乗り出ます。

「セクション28」により、LGBTQ+運動は、一気に闘いモードに切りかわります。「ストーンウォールUK」や「アウトレイジ！」＊（P.66参照）などの団体がつくられ、「スクールズ・アウト・UK（1974年に〈ゲイ教師協会〉の名称で設立された慈善団体）」（P.7参照）は、LGBTQ+という社会的な課題をこのまま埋もれさせないよう、ねばり強く活動を続けます。

2003年、ついにこの「セクション28」は撤回されますが、この心ない負の遺産の影響は、広い範囲に及びます。この法律のかげで育ったLGBTQ+の子どもたちは、学校からなんの支援も理解も得られないなか、不当な扱いやいじめに、だまって耐え続けるしかなかったのです。

＊「怒り」という意味。

*LGBTQ+の権利に異を唱える
マーガレット・サッチャー首相（当時）。*

教育をめぐる騒動

1983年、デンマーク人作家のスザンヌ・ベーシェの絵本、『Jenny Lives with Eric and Martin（ジェニーはエリックとマーティンと〔いっしょに〕暮らしている）』＊がイギリスで翻訳出版されます。一人の女の子とお父さん、そしてお父さんの男性パートナーが登場するこの本は、家族の形態にもいろいろあることを子どもたちに教えることが目的でした。メディアは怒りをもってこれを伝え、ある新聞の見出しは、「学校にふさわしくない、けがらわしい本」と書きたてます。教育長は「同性愛を広めるプロパガンダだ」と言い、マーガレット・サッチャー首相は「これでは、子どもたちに（中略）ゲイになる特権があると教えるようなものだ」と公言しました。こうした重苦しい雰囲気の中、「セクション28」が誕生したのです。

＊デンマーク、1981年、1983年、Gay Men's Press。

 フェイクニュースについて、そろそろ話し合うときです。
私たちが見せられているのは真っ赤なうそです。
教師がレズビアンかゲイだとわかれば、
まずクビなんです。

「セクション28」への抗議を示して
教師のスー・サンダース（スクールズ・アウトUK代表）

1980年代、イギリスやアメリカでLGBTQ+の権利が後退しようしていた一方、明るいニュースも聞かれるようになります。1989年、デンマークは世界ではじめて、同性間のシビル・ユニオンを法律で認め、同性カップルは「登録パートナー」と呼ばれるようになります。続いて、1993年にはノルウェー、1995年にはスウェーデンがそれぞれシビル・ユニオンを認めます。

1996年、世界ではじめて南アフリカが、新しい憲法でゲイやレズビアンの平等権を保障します。つまり、人種やジェンダー、性指向を理由にした差別は違法とされたのです。しかし残念ながら、これをもって南アフリカで差別がなくなったわけではありません。農村地域では、とくにレズビアンを対象にしたヘイトクライムが今も大きな問題として残っています。

LGBTQ+に関わる課題が表面化し、政治問題化するにつれ、LGBTQ+の人びとをねらったヘイトクライムが急増します。イギリスではゲイをねらった殺人事件が連続して起こり、いずれも未解決に終わります。俳優のマイケル・ブースもそうした犠牲者の1人で、1990年に無残な死をとげています。1999年には、ロンドンにあるゲイバー「アドミラル・ダンカン」が釘爆弾で襲撃され、3人が死亡、79人が負傷しました。この事件を受け、ロンドン市警察は、LGBTQ+の人たちから成る第三者諮問グループと協力しながら問題の解決に乗り出します。

「アドミラル・ダンカン」襲撃の翌日に
行なわれたデモの様子。

ろうそくを灯し、夜を徹して
マシュー・シェパードを追悼する人びと。

アメリカ人のブランドン・ティーナは、トランスジェンダー男性の若者でした。1993年、ティーナの体のことを知ったかつての友人たちが、ティーナをレイプし殺害します。ティーナの悲劇は『ボーイズ・ドント・クライ』*という映画になり、1999年に公開され、高い評価を受けます。この映画によってようやく、トランスジェンダーがいかにヘイトクライムの犠牲になりやすいか、社会が関心をもつようになっていきます。

同性愛嫌悪によるヘイトクライムの現実を見せつけたのは、アメリカ人大学生、マシュー・シェパードのいまわしい殺害事件でした（P.92参照）。もし、この無意味で残酷きわまりない殺人事件が残したものがあったとすれば、もはや偏見や憎悪をだまって見過ごすわけにはいかないと社会が気づいたことでした。

＊アメリカ映画。キンバリー・ピアース監督作品。

ヘイトクライム（憎悪犯罪）

悲しいことですが、LGBTQ+の人びとは、感覚的に「ちがう」からという理由で、言葉による暴力やいじめを受け、脅迫され、ののしられ、攻撃の標的になっています。憎悪がらみの事件や犯罪は、報道されないものも多いため、この問題がどれぐらい広がっているか、十分に把握するのは難しいかもしれません。しかし、たとえば2016年に49人が犠牲となったフロリダ州オーランドのナイトクラブ「パルス」の襲撃事件のように、過激な暴力は人びとの関心を集めます。最近は、こうした同性愛嫌悪による憎悪犯罪、ヘイトクライムが急増しています。なかでも標的になりやすいのが、トランスジェンダーと黒人、アジア人、少数民族のLGBTQ+の人びとです。

" 同性愛だって、社会をつくる一部だよ。

人間にはもっと、バラエティがあっていいんじゃない？

表現の自由って、すごく大切なんだ。 "

モータウン・レコードグループの「ミラクルズ」の歌、
"Ain't Nobody Straight in L.A."（ロサンゼルスじゃ、
異性愛者（ストレート）なんていない）より

　1969年のストーンウォールの反乱以降、求心力のあるLGBTQ+の人たちが中心となって、ポップカルチャーを形成します。"クローゼット"にこもるしかない人がいる一方で、みんなの先頭に立ち、思い切ってカミングアウトするか、周りにうまくとけこむ人もいました。

　1970年、伝説のイギリス人歌手、ダスティ・スプリングフィールドは、ある雑誌のインタビューで自身がバイセクシュアルであると公表します。その2年後、歌手のデヴィッド・ボウイはゲイであることを音楽ジャーナリストに打ち明けます。ボウイはその後、実は「クローゼット・ヘテロセクシュアル（隠れ異性愛者）」だと言い直しますが、性別をあいまいにしたそのパフォーマンスからは、ゲイは恥ずかしいことというより、むしろかっこいいものだというメッセージが伝わってきます。

2006年、ボーイ・ジョージは
カメラの前で自身のことを
「闘うゲイ」と表明。

　その後、2人の人気にかげりが出ますが、2人の言動は、LGBTQ+の人が日ごろ感じている「異質さ」を伝えると同時に、ほかのLGBTQ+のアーティストがカミングアウトする下地をつくります。

　1976年にはエルトン・ジョンがカミングアウトします。ロックバンド「クイーン」の陽気なリード・シンガーのフレディ・マーキュリーは、バイセクシュアルであることを隠そうとはせず、かといってLGBTQ+運動に加わることもしませんでした。マーキュリーは1991年にエイズで亡くなりますが、「So what?（だから、なに？）」という決め台詞には、マーキュリーの性への向き合い方が表れています。

　1980年代、エイズの感染拡大が深刻になってくると、LGBTQ+のアーティストたちは、自分の性についてはっきり口にすることをひかえるようになります。ポップ・ミュージック・バンド「カルチャー・クラブ」のリーダー、ボーイ・ジョージは、ジェンダーフルイド*ですが、ゲイなのかとの質問には、答えをはぐらかしていました。一方、ポップデュオ「ワム！」のメンバーで、のちにソロで活躍するジョージ・マイケルは、長いあいだ異性愛者としてのイメージで通しますが、1998年にカミングアウトします。

　しかし、なかには3人組の音楽ユニット「ブロンスキ・ビート」のジミー・ソマーヴィルのように、堂々とカミングアウトする人もいました。1984年のヒット曲「スモールタウン・ボーイ」は、LGBTQ+の若者たちがよく経験する苦悩をテーマにしています。

　1990年代に入っても同性愛嫌悪は収まりませんでしたが、カミングアウトする有名人は次第に増えていきます。ポップス界を象徴する存在のマドンナは、自身のミュージック・ビデオで、ゲイのダンサーや、同性同士がキスをするシーンを取り入れ、LGBTQ+文化が広く受け入れられる道を開きます。1992年、カナダ出身のカントリーミュージックのスターであるk.d.ラングはレズビアンであることを明かし、レズビアンの認知度が上がります。さらに1998年には、イスラエルの歌手、ダナ・インターナショナルがユーロビジョン・ソング・コンテストで優勝し、トランスジェンダーの存在を世に知らしめた歴史的な出来事になりました。

　　　　　　　＊性自認が男性とも女性と定まらず、ゆれ動く人。

ダナの優勝は、コンチータ・ヴルストなど、
他のLGBTQ+シンガーたちに
入賞への道を開くことになった。

テレビ番組にも変化が

　ストーンウォールの反乱に続く数十年、映画やテレビではLGBTQ+のテーマがしばしば取り上げられるようになります。アメリカでは、ゲイの人びとの人間模様を前向きに描いたテレビドラマ「That Certain Summer（ある夏のこと）」(1972年)や、トランスジェンダーの登場人物に寄り添う形で描かれた「ザ・ジェファーソンズ」(1975年)、イギリスではレズビアン同士のキスシーンがはじめて登場したテレビドラマ「ガール」(1975年)、そして1978年の大ヒット映画『Mr.レディMr.マダム』や、はじめてゲイのカップルとゲイ同士のキスシーンが登場したイギリスのメロドラマ「イーストエンダーズ」(1987年)などが、新しい風をふき込みます。1993年、ハリウッド映画『フィラデルフィア』は人びとのエイズに対する見方を変える大きなきっかけとなり、また、1997年には、シットコム番組「エレン」でエレン・デジェネレス＊が役を通じてカミングアウトする瞬間を、4200万人ものアメリカ人が見届けました。

　　　　　　　　　　　　＊アメリカのコメディアン、女優。

マシュー・シェパード

1976〜1998年

21歳のゲイの学生、マシュー・シェパードが無残にも殺害された事件は、アメリカ国内はもとより世界中の人びとに警鐘を鳴らしました。マシューの両親であるデニスとジュディは、息子の死からなにかプラスのものを引き出そうと決意し、行動をはじめます。2人の努力に心を動かされ、多くのLGBTQ+の人びとがヘイトクライムに反対する運動に参加するようになり、法律面から取り締まりに向けた動きが出てきます。

　1990年代、アメリカでのLGBTQ+を取り巻く状況は、表面的には前進しているようにも見えました。エイズ危機をきっかけに、その存在が広く認識されるようになったLGBTQ+は、今や一つの文化として社会に溶け込んでいました。マシューが殺害される数週間前、ゲイが主演するシットコム番組「ふたりは友達？　ウィル＆グレイス」が初放送され、大きな反響を呼びます。LGBTQ+の人びとの認知が進み、一定の成果があったと思われたところで起きたこの事件は、社会にいまだ同性愛への嫌悪が根深く残っていることを顕にしました。

　マシューはワイオミング大学の学生で、自身がゲイであることを公言していました。ララミーという小さな町に住み、言語学と外交、政治学を勉強していて、将来は外交官になることを夢見ていました。亡くなる日には、LGBTの学生団体の集会に参加し、その後バーに立ち寄っていました。その夜、マシューはバーで、アーロン・マッキニーとラッセル・ヘンダーソンという2人の若者と会い、しばらく話をしたあと、この2人といっしょにバーを出ました。

　翌日、人気のないフェンスに何かが縛りつけられているのを、自転車で通りかかった人が見つけます。最初は、案山子だと思われていたようですが、それは変わり果てたマシューでした。ピストルの持ち手で打ちのめされ、野ざらしにされていました。

> 憎しみは、
> もとから人に宿っているわけ
> ではありません。
> あとから植えつけられたものです。
> 生まれ持ったものではなく、
> あとから学んだものなのです。
> 人は愛することを学ぶのとおなじように、
> 憎むことも教わります。
> ちがうのは、それを教える人間です。
>
> ジュディ・シェパード

まだ息はありましたが、意識がなく、凍死しかかっていました。病院に救急搬送されますが数日後、マシューは息を引き取りました。

マシュー殺害事件が報じられると、アメリカ中に衝撃が走ります。それから数日間、国中でキャンドルライト・メモリアルが行なわれ、国会議事堂の前には何千人もの人が集まりました。その一方で、みにくい一幕も見られました。マシューの葬儀が執り行なわれていた教会の外には、憎しみの言葉を書き連ねた反ゲイのプラカードを掲げる一群の人びとがいたのです。

マシューの死は大きな反響を呼びます。本や映画でも取り上げられ、演劇「ララミー・プロジェクト」は世界中で上演され、絶賛されます。

遺族は「憎しみの代わりに、理解と慈しみ、受容を広げる」ことを目的に「マシュー・シェパード財団」を立ち上げました。この財団の働きかけもあり、連邦法で定めるヘイトクライムの対象が、ジェンダーや障害、性的指向を理由にした犯罪にまで広がりました。2009年、マシューの両親の立ち合いのもと、バラク・オバマ大統領（当時）はホワイトハウスで新しい法律に署名します。その後も両親は、各地を訪れてLGBTQ+の権利を説いて回ります。

マシューの死から20年になる2018年、2人が見守る中、マシューの遺灰はワシントン大聖堂に埋葬されます。式典を執り行なったのは、自身もゲイであることを公表しているジーン・ロビンソン司教でした。ジーン司教は参列した2000人を前にして、両親デニスとジュディのことに触れながら「神の御恵みにより、2人はこの恐るべき出来事をすばらしいものに変えようと決心したのです」と説きました。

マシューが暴行を受け、
縛りつけられていた現場には
多くの花が手向けられていた。

平等を目指して

　　結婚の平等、つまり異性間とおなじように、同性間の結婚が認められるまでには、長く険しい道のりがありました。同性同士の結婚に反対する人びとは、結婚とは男性と女性が結びつくものだと主張します。なかには、宗教的、道徳的な理由から反対する人もいて、同性カップルにも平等に権利を認めると、「道徳的にまちがったこと」を市民の権利として認めることになり、伝統的な家族のあり方を危険にさらすことにもなる、と主張します。

　結婚の平等をめぐる権利については、LGBTQ+人たちみんながおなじ意見というわけではありません。結婚という、異性愛者の制度を真似れば、異性同士の関係が基準だと認めることになると考える人もいます。レズビアンのなかには、結婚というものがもともと男性に有利に働くようになっているとして、男女同権の立場から反対する人もいます。しかし、多くのLGBTQ+の人びとは、結婚を重要な公的権利と考えています。法律で結婚の平等が認められないと、LGBTQ+の人びとは劣っていて、LGBTQ+同士の関係には意味がないというメッセージが伝わってしまい、差別にもつながります。

　同性婚を合法化するための闘いは、21世紀にはじまったと思われがちですが、結婚の平等の実現に向けてその一歩がふみ出されたのは、もっと前のことです。ストーンウォールの反乱（P.60参照）から数年のうちに、多くの同性カップルが結婚許可証を申請しました。そして1990年代に入ると、同性婚の合法化を求める動きが本格化していきます。

　しかし、一歩前に進んだかと思うと、これにあわてた人たちから反発が起こります。1996年、結婚とは男性と女性が結ばれるものであると定めた結婚防衛法（通称DOMA*）にビル・クリントン大統領が署名します。これによって、異性間の夫婦に認められている相続権などの連邦法上の権利が、同性カップルには認められなくなります。この結婚防衛法の効力は2013年まで続くことになります。

*正式名称は「Defence of Marriage Act」

結婚許可証をめぐって

　1970年、2人の法学生、ジャック・ベイカーとそのパートナー、マイケル・マコーネルは、アメリカ、ミネソタ州のヘネピン郡に結婚許可証を申請します。申請は却下されますが、法律のぬけ穴に気づいたジャックは、自分の名前を男性とも女性ともとれる「パット・リン」に変更した上で、今度は別の郡に申請します。パット・リンが男性であるとは気づかず、担当者は証明書を発行し、こうして2人は結婚したことになります。2人の結婚は公式には記録されなかったものの、取り消されることもありませんでした。2018年、ミネソタ州の裁判所は2人の結婚を有効と認めました。

マイケル・マコーネル（左）と
ジャック・ベイカー（右）

2001年には、世界ではじめてオランダが同性婚を法的に認め、同時に、同性カップルが養子を取る権利も認められます。法律が発効した日のうちに、4組の同性カップルがアムステルダムで結婚しました。

それから数年のあいだ、オランダにならってほかの国ぐにでも同性婚が認められていきました。ベルギー（2003年）、カナダ（2005年）、スペイン（2005年）、南アフリカ（2006年）と続き、2019年の時点で、29カ国で同性婚が合法化されています。

> **結婚は、男性と女性がするものじゃなくて、愛する者同士がするものだと思うよ。**
>
> **フランク・オーシャン***
>
> *アメリカ人のシンガーソングライター、2012年、初恋相手が同性だったことをカミングアウトした。

イギリスでは、2004年にシビル・パートナーシップ法が可決され、「結婚」という言葉は使われなかったものの、同性カップルも結婚した夫婦とおなじ権利を得られるようになりました。そして2014年には北アイルランドをのぞくイギリス全土で、同性婚が合法化されます。一方、アイルランドは2015年、国民投票によって同性婚を合法化した最初の国になります。

アメリカでは、バーモント州が州としてはじめて2000年にパートナーシップ制度を導入し、2004年にはマサチューセッツ州が同性婚を認めた最初の州になります。2015年の年初には13州が同性婚を違法としていましたが、6月にはついに全米で合法になりました。

2013年、アジア太平洋地域ではじめてニュージーランドで同性婚が法律で認められます。またオーストラリアでも2017年の国民投票で、大多数の賛成を得て合法化されます。ゲイであることを公言してはじめて上院議員になったペニー・ウォンにとっては、政治的な勝利であると同時に、個人的なよろこびの瞬間でした。そのときのスピーチは人びとを感動で包みます。

「平等とは、簡単に手に入るものではありません。それは女性が選挙権を求めて闘ったときも、オーストラリアの先住民が市民権を求めて闘ったときもそうでした。そして今、レズビアンやゲイ、トランスジェンダーやインターセックス

---

*1　愛にちがいはない

*2　同性婚、賛成

の人たちもまた、大変な闘いのすえに法の下の平等を勝ち得たのです」とウォンは訴えました。

　昔から、家族といえば、男性1人に女性が1人、そして子どもたちがいるというイメージが社会にはありました。そのため、結婚しているか、いないかに関係なく、同性カップルは大変な思いをしながら家庭生活を築いてきたのです。世界各地で同性同士が結婚できるようになるにつれ、法律の壁が取り払われていきます。今日では、ヨーロッパのほとんどの国で、同性婚カップルが養子を取る権利を得ていて、2017年にはアメリカで、2018年にはオーストラリアでも認められます。しかし、法律が変わった今でも、LGBTQ+の家族たちは、日々の生活で偏見や差別にさらされています。

投票結果に、
よろこびの涙を流す
ペニー・ウォン。

妊娠したはじめての男性

　2008年、トーマス・ビーティとそのパートナーのナンシーは、トーマスが妊娠したと発表します。トーマスは20代で（女性から男性への）性別適合手術を受けますが、その際、女性の生殖器を残しておいたため、精子提供によって妊娠することができたのです。そんな2人を、さまざまな中傷が襲います。メディアからは笑い者にされ、医療機関から男性として扱ってもらえず、親族からのサポートもほとんどありませんでした。トーマスの妊娠をきっかけに、性自認やトランスジェンダーの存在に注目が集まり、トランスジェンダーの人びとが、LGBTQ+コミュニティ内でさえ受け入れられていない現実が明らかになります。

トーマス・ビーティ（左）と、
最初の妻のナンシー。トーマスは
この時までに3回、妊娠している。

　LGBTQ+の権利の闘いに長い時間がかかったことを考えれば、LGBTQ+の人たちの政治進出が、なかなか進まなかったのも当然でしょう。それでも、この20年のあいだに、さまざまな政治家第1号が誕生しています。

　2009年には、アイスランドでヨハンナ・シグルザルドッティルが、LGBTQ+であることを公にした人物として史上はじめて首相の座につきます。2011年にはエリオ・ディルポがベルギーの首相に、2013年にはルクセンブルクでグザヴィエ・ベッテルが首相に選出されます。またセルビアでも、2017年にアナ・ブルナビッチが首相に選ばれ、おなじ年、アイルランドではレオ・バラッカーが首相の座につきます。

　ここに至るまでの長い道中、多くの先駆者たちが生まれています。1974年、レズビアンのキャシー・コザチェンコが、LGBTQ+であることを公にした人物としてアメリカではじめて市会議員選挙に立候補し、当選します。一方、1976年、クーズ・ホイセンは、ゲイであることを表明した（オープンリー・ゲイ）人物としてはじめてオランダの国会議員になります。

　勇気ある人びとはさらに続きます。1979年、アンジェロ・ペッツァーナがオープンリー・ゲイとしてイタリア初の国会議員となります。イギリスでは1984年にクリス・スミスが現職の国会議員として

石川大我

はじめてカミングアウトし、ワヒード・アリはオープンリー・ゲイではじめての貴族院議員になります。1988年には、スヴェンド・ロビンソンが、カナダの現職国会議員としてはじめてゲイであることを公表、オーストラリアでも1996年にボブ・ブラウンがオープンリー・ゲイとしてはじめての国会議員になります。2019年には日本でも、オープンリー・ゲイである石川大我*が、国会議員に選出されます。

　トランスジェンダーの政治家は、なかなか表舞台に立てなかったことから、LGBTQ+コミュニティの「シンデレラ」といわれてきました。1991年、ジョアン・マリー・コンテはトランスジェンダーの女性としてはじめてアメリカで市議会議員に選出されます。一方、ニュージーランドでは1995年にジョージナ・ベイアーが世界ではじめてトランスジェンダーであることを公表した市長となります。2017年にはタマ

*元豊島区議会議員。立憲民主党の参議院議員（2019年〜）。

社会に影響を与えたLGBTQ+の有名人⑥

ルー・サリヴァン
（1951〜1991年）

　トランスジェンダーの活動家で作家。FTM*としてトランスジェンダー運動の先頭に立ち、ゲイのトランス男性のために活動。

リサ・パワー
（1954年〜）

　長年、LGBTQ+の権利のために活動。ストーンウォールUKの共同設立者。同性愛者であることを表明した人物としてはじめて国連で演説。

ジャッキー・ケイ
（1961年〜）

　黒人の小説家。2016年からスコットランドの桂冠詩人。性的指向やアイデンティティをテーマにした作品を発表している。

＊生物的には女性だが男性として生活している＝トランス男性。

ラ・エイドリアンが、ベネズエラで最初のトランスジェンダーの政治家となります。
タマラはこう言っています。「自分のような政治家は、のけ者にされてきた
人たちに希望を与える」と。

> 今日からは、
> 祖国を愛し、兵役に就こうとする人たちが、
> 自分のことをいつわる必要はありません。

バラク・オバマ大統領（当時、2011年）

闘うプライド

　多くのLGBTQ+の人たちが、何十年にもわたり、兵役に就くことができなかったり、見つけ出されて解任されるという憂き目にあってきました。1993年、アメリカ軍は「聞かない、言わない」主義を取り入れます。軍に所属する人は、性的指向について人に聞かれることもなければ、自分から同性愛者だということもできないというものです。この原則は2011年に撤廃されますが、2017年にはトランプ大統領が、軍には今後トランスジェンダーを入れないことを明らかにし、また一歩、後退します。イギリスでは2000年以降、兵役に就くときにLGBTQ+であることを隠す必要がなくなり、現在、多くの西欧諸国とチリ、ブラジル、南アフリカ、イスラエルなどでおなじ対応が取られています。

2017年のトランプ大統領の発表に
抗議する人びと。

スポーツ選手のカミングアウトには、とてつもなく高いハードルが立ちはだかります。世間には、一流のスポーツ選手たるものこうあるべき、という固定観念があって、LGBTQ+であることは、「男らしさ」とか「強さ」といったイメージに反するのです。

1970年代、アメリカで野球選手として活躍したグレン・バークは、そうした現状に反旗を翻したスポーツ選手の一人です。カミングアウトしたことはありませんが、ゲイであることを隠すこともありませんでした。チームの経営陣から、結婚するなら7万5000ドル払うと持ちかけられたときも、これを拒否します。27歳で引退し、1995年、エイズで無念の死をとげます。

> 自分は
> NBAでセンターを務める34歳で、
> 黒人で、ゲイだ。
>
> NBAのスター、ジェイソン・コリンズが
> 2013年にカミングアウトしたときの言葉。

1981年、アメリカのテニス界のチャンピオン、ビリー・ジーン・キングが、レズビアンであることを公表し、新聞に大きく取り上げられます。このカミングアウトで、キングは屈辱を味わうことになります。発表から1日で200万ドルものスポンサー契約すべてを打ち切られ、さらにメディアからはずかしめられ、笑い者にされたのです。それ以来、キングは平等な社会を目指して積極的に活動するようになります。

男らしさの象徴ともいわれるラグビー界では、イアン・ロバーツが、ラグビー選手として、またオーストラリアの有名なスポーツ選手としてはじめて、1995年にカミングアウトします。世間からの中傷をあえて受けるその姿勢に、勇気ある手本を示したとしてたたえられます。一方、ウェールズを代表するラグビー選手、ガレス・トーマスは2009年、「絶望の日々のふたを開ける」という表現を用いて、ゲイであることを明かします。また、2019年にHIV陽性であることを明らかにしたときにも、不名誉と闘います。

トランスジェンダーであることを最初に公表したプロスポーツ選手は、テニスのレニー・リチャーズです。USオープンに出場禁止となったリチャーズは裁判を起こし、結局、女性であると認められ、1977年の大会に出場します。トランスジェンダーのスポーツ選手をめぐっては見解が分かれていて、選手たちの闘いが続いています。

野球界で最初にカミングアウトした
グレン・バーク。
ハイタッチをはじめた人物といわれる。

ニコラ・アダムズ。バイセクシュアルを公言した女性としてはじめて、オリンピックメダルに輝く。

今でもスポーツ界には同性愛嫌悪が残っていますが、その一方で、カミングアウトする選手たちがぞくぞくと出てきています。そのなかには、アイスホッケーでオリンピックに出場したカナダ人のサラ・ヴァイランコート選手や、ボクシング界のスターでタイ人のパリンヤー・ジャルーンポン、アメリカ人のアイススケート選手のアダム・リッポン、ベルギー人のテニスプレーヤー、アリソン・バン・ウィトバンクとグリート・ミネン（2人は私生活でもパートナー）、イギリス人ボクサーのニコラ・アダムズ、アメリカ人プロゴルファー、タッド・フジカワ、イスラエル人のバスケットボール選手でパラリンピックに出場したモラン・サミュエルなどがいます。

ジャスティン・ファシャヌ
（1961〜1998年）

ジャスティン・ファシャヌはイギリス初の黒人サッカー選手です。100万ポンドを超える選手契約を結びますが、1990年、トップ級のプロサッカー選手としてはじめて、ゲイであることを公にし、選手生活、私生活ともに危機にさらされます。黒人ということで、1980年代、すでに人種差別を受けてきたファシャヌでしたが、今度はゲイということで、ファンからのはげしい反発や、所属チームや家族からのサポート不足に苦しみます。そして1998年、37歳の若さで自ら命を絶ちます。サッカーは、スポーツ界における同性愛嫌悪の「最後のとりで」といわれ、ファシャヌの死から20年、男子サッカー界では、LGBTQ+であることを口にしたトップ選手はひとりも出ていません[*]。

[*]女子サッカー界ではセクシュアリティを公表する選手が多数います。

『クイア・アイ』の出演者たち

21世紀に入り、ちがいを受け入れる、いわゆるインクルージョン*の流れを受けて、LGBTQ+の人びとの生きざまがテレビや映画で取り上げられることが増えます。有名人の間でも、自分のセクシュアリティに誇りを持ち、LGBTQ+の権利を求めて積極的に活動する人がつぎつぎと出てきます。テレビでは、『オレンジ・イズ・ニュー・ブラック』（2013〜2019年放送）、『クイア・アイ』（2018年〜）、『ポーズ』（2018年〜）などのドラマが注目を集め、『ブロークバック・マウンテン』（2005年）や『キャロル』（2015年）、『ナチュラル・ウーマン』（2017年、P.107参照）などの映画が、人びとの世界観にダイレクトに影響を与えます。こうした強い影響力があるからこそ、ストーリーにさまざまなタイプの登場人物が登場し、実際の社会を正しく反映することがとても大切になります。とくに自分の性自認を受け止められず苦しんでいるLGBTQ+の若者にとっては、自分とおなじアイデンティティの人やそのストーリーを目にすることは、とても重要なのです。たとえば、パキスタン系イギリス人でコメディアンのマワアン・リツワンが制作したドキュメンタリー映画『How Gay is Pakistan?（パキスタンのゲイってどんな感じ？）』（2015年）では、イスラム教徒の両親にゲイであると打ち明ける困難さを伝えています。

　LGBTQ+であるとカミングアウトしたことでキャリアを絶たれることはなくても、ネットが発達した現代では、同性愛嫌悪によるいやがらせや、個人をねらった攻撃はますます増えています。しかし、同性愛者であることを誇りにし、公表している有名人たち——イギリス人ミュージシャンでLGBTQ+活動家のオリー・アレクサンダーや、率直な物言いで知られる俳優のエリオット・ペイジ、バイセクシュアルの存在を世に知らしめたファッションモデルのカーラ・デルヴィーニュなど——が、先頭に立って差別と闘い、LGBTQ+の人びとが孤独にならないよう、つながりを感じられるよう、支援活動を行なっています。

カーラ・デルヴィーニュ

*包括、包含の意味。「多様な人びとがたがいの個性を認め、
　一体感を持っている状態」を意味する。

> **もしきみが12歳で、そろそろ自分という人間に疑問をもちはじめたとする。そんな時、人生について語っている(LGBTQ+の) 有名人を目にすることはとても重要なんだ。**

テレビプロデューサーで、「クイア・アズ・フォーク」や「ドクター・フー」などの
作品を手がけた、ラッセル・T・デイヴィスの言葉。

ラバーン・コックス

(1972年〜)

　Netflixのテレビシリーズ『オレンジ・イズ・ニュー・ブラック』で囚人のソフィア・バーセット役を演じ、一躍有名になります。また、トランスジェンダーであることを公言している黒人女性として、はじめてエミー賞にノミネートされ、歴史に名を留めました。2014年には雑誌『タイム』の「トランスジェンダーの転換点」と題する特集号で
表紙に取り上げられ、あらためて注目を集めます。
インタビューの中でコックスは、子ども時代に受けたいじめのことや、周りに受け入れられようと必死に闘ってきた体験を語っています。このインタビュー記事からは、トランスジェンダーの人たちがいかに疎外され、誤解されてきたかが伝わってきます。

クリスティーヌ・アンド・ザ・クイーンズ

1988年〜

世界的なポップスターで、クリスの名で親しまれているクリスティーヌ・アンド・ザ・クイーンズ。ジェンダーをテーマにしていることで知られるクリスの歌とダンスは、クリス自身のように変幻自在です。ジェンダーにかかわらずすべての人を恋愛対象とするクリスは、パンセクシュアル（全性愛）というあり方を社会に広めてきました。

　フランスのナント生まれのクリスは、出生時の名前はエロイーズ・ルティシエでした。子どものときから音楽とダンスが大好きで、4歳ですでにバレエとピアノを習っていました。かなり早い時期にクイアであることに気づき、そんな自分を恥じますが、両親はわが子の性的指向を自然に受け入れます。

　2008年、20歳のルティシエは演劇の勉強のためリヨンに移り、その後パリで暮らしはじめます。演出家を志したものの、演出家のコースは男子しか入れないことを知ったルティシエは、それならばと勝手な行動を取り、演劇学校を退学処分になります。さらに、つき合っていたガールフレンドとも別れ、ひどく傷ついたルティシエは、演出家の道を捨て、脚本を書きはじめます。芝居の中に「クリスティーヌ」という名前の人物を登場させて、怒りのはけ口にしています。

　2010年、ロンドンを訪れたルティシエは、ゲイクラブで3人のドラァグ・クイーンのショーを鑑賞します。この3人の世話になるうち、ルティシエは、世間の枠組みから外れることを恐れなくなっていきます。ありのままの自分を受け入れたことで、ルティシエの身体にパワーがみなぎります。

　これこそが、クリスティーヌ・アンド・ザ・クイーンズ誕生の瞬間でした。ソロ活動では、大切なドラァグ・クイーンの友人たちへの思いを歌に込めます。クリスは腕に二つのタトゥーを入れます。一つが "We Accept You" [*1]、もう一つが "One of us" [*2] です。

　クリスティーヌのデビューアルバム、「Chaleur Humanine（人のぬくもり）」が、2014年にまずフランスで売り出されます。収録曲の多くは、ジェンダーや性的指向をテーマにしたものでした。1曲目の"iT"（イット）の中で、「今の自分は男性」と断言しています。このアルバムは世界中で100万枚を売り上げ、2017年までに1億9400万回ストリーミング配信されます。

　インタビューの中で、クリスティーヌは、ジェンダーフルイドである自分について率直に語っています。2枚目のアルバムでは、思い切った方向転換をはかり、「クリス」の名前で再出発します。このアルバムの2曲目「ガールフレンド」は、『タイム』誌が選ぶ2018年のソング・オブ・ザ・イヤーに入っています。

　2019年4月、クリスティーヌ・アンド・ザ・クイーンズは、アメリカのリアリティ番組「ル・ポールのドラァグ・レース」のシーズン11の最終回で、ル・ポール*3の大ヒット曲"Sissy That Walk"（もっと女らしくいくのよ）を熱唱します。「飛ぼうが、落ちようが、とことんやってやる」という歌詞が、クリスティーヌ、もしくはクリスの心に響いたにちがいありません。

　つぎつぎに自分の限界を押し上げ、真実を口にすることを恐れなかったクリスティーヌですが、批判にさらされることもたびたびで、とくに生まれ故郷のフランスでは嘲笑の的にもなりました。それでも2014年、パンセクシュアルであるとカミングアウトした際に「クイアな自分を受け止めたことで、アーティストとしての人生がさらに輝きを増した」と、語っています。

> このフェスのルールはたった一つ。
> なりたい自分になること。
> ここでは、それがいいとか悪いとかいうのはなし。
> あるのは、ただ愛だけ。
>
> クリスティーヌ・アンド・ザ・クイーンズ
> 2016年7月、イギリスで開かれた音楽祭
> 「ラティテュード・フェスティバル」
> での演奏で

*1　そのままでだいじょうぶ
*2　私たちは仲間
*3　ドラァグ・クイーン界のゴッド・マザーといわれるパフォーマー。

LGBTQ+文化の足跡

　今日では、LGBTQ+のアーティストが文化の表舞台に出ることが増えましたが、裏側から抜け出てくるまでには、長くつらい道のりがありました。その道中で、多くの先駆者たちが生まれ、歴史が大きく動いた瞬間がありました。ここではそのほんの一例を紹介しましょう。

最初のゲイ小説

　1870年に出版されたベアード・テイラーの "Joseph and His Friend：A Story of Pennsylvania"[*1]が、一般にはアメリカで最初のゲイ小説といわれています。1906年に出版されたエドワード・プライム・スティーブンソンの "Imre：A Memorandum"[*2]は、同性愛の関係性を肯定的に描いた作品として、社会に大きな影響を与えます。

ヴァージニア・ウルフ『オーランドー』

　1928年に発表されたこの画期的ともいえる小説は、400年におよぶ歴史を一気に振り返るとともに、ユーモアも交えながら、流動的な性、いわゆるジェンダーフルイドのテーマに切り込んでいます。オーランドーは、エリザベス1世時代の青年貴族で、ストーリーの中盤、女性の姿で目覚めたオーランドーは、生まれ変わった性で20世紀を迎えます。ウルフはこの作品の着想を、自身の恋人で、男装の習慣があったヴィタ・サックヴィル＝ウェストから得ています。

*1　『ヨセフとその友人：ペンシルベニアの物語』／*2　『イムレ：ある手記』

> ❝ 男女の区別はあっても、両者はまじり合っているのだ。
> ある性から別の性へ、性のゆらぎはだれにでも起こることで、
> 男性らしさや女性らしさをとどめることができるのは、ただ衣服のみ。
> 衣服の下の性は、その見た目とは正反対ということがよくあるのだ ❞
>
> ヴァージニア・ウルフ
> 『オーランドー』（1928年）より

『カラーパープル』

アリス・ウォーカーが1982年に発表し、ピュリツァー賞を受賞した名作。のちに映画にもなり、高い評価を受けます。1930年代のアメリカの田舎町に育った黒人少女セリーは貧しさと虐待に苦しみながらも、最後には一人の女性とのあいだに愛と癒しを見つけ、幸せになります。

「虹の彼方に」

グロリア・ゲイナー

発表当時から「ゲイ・アンセム」*として人びとに勇気を与え続けているジュディ・ガーランドの「虹の彼方に」（1939年収録）には、希望、挑戦、そしてなによりプライドのメッセージが込められています。近年ゲイ・アンセムとして広く親しまれているのは、1978年にディスコで大ヒットしたグロリア・ゲイナーの「恋のサバイバル」です。

＊LGBTコミュニティの間で好まれている歌のこと。ゲイまたはLGBTQ+の賛歌、応援歌。

カミングアウトしたはじめてのロック歌手

1970年代はじめ、グラムロック界で注目を集めたジョブライアスこと、ブルース・ウェイン・キャンベル。デヴィッド・ボウイの「生き写し」ともてはやされましたが、派手な振る舞いと同性愛者を売りにしたような態度に、当時のアメリカ人はついていけず、結局、期待されていたような大物になることのないまま、1983年、36歳のときにエイズでこの世を去ります。

初期のゲイ映画

1919年公開の『Anders als die Andern（ほかの人たちとちがって）』は、男性音楽家同士の愛を描いた作品で、マグヌス・ヒルシュフェルト[1]が監修しています。同じくドイツ映画で1931年に公開された『制服の処女』[2]は、レズビアンの愛をテーマにした初期の映画の一つです。1985年制作のイギリス映画『マイ・ビューティフル・ランドレット』はイギリス人とパキスタン人という異人種間の複雑なゲイの恋愛を取り上げた作品です。

＊1　ドイツの内科医、性科学者。　＊2　日本公開は1933年。

映画『制服の処女』より

『ナチュラル・ウーマン』（原題：“A Fantastic Woman”）

2018年、トランスジェンダー映画は大きな転換点をむかえます。それまでにも、『ボーイズ・ドント・クライ』（1999年）や『リリーのすべて』（2015年）のように、トランスジェンダーの人生を描いた有名作品はありましたが、どの作品もトランスジェンダー役をシスジェンダー*が演じていました。アカデミー外国語映画賞を受賞したチリ映画『ナチュラルウーマン』では、トランスジェンダーの主人公を、実生活でもトランスジェンダーのダニエラ・ベガが演じています。

＊性自認と生まれた時に割り当てられた性が一致している人。

自分にとっての プライドとは

〔名前〕エズラ・リー

〔年齢〕21歳

〔性自認〕トランスジェンダー男性

　　　プライドとは、弁解のいらない、まじり気のない気持ちのことで、LGBTQ+の人たちの多様性をたたえるときに使う言葉。このプライドという言葉を聞くと、自分たちが今あるのは、想像を絶する闘いのおかげだし、この先もやるべきことがまだまだあることに気づかされる。

　　　自分の場合、プライドというと、自分のアイデンティティに満足し、どこへ行っても、なにをしていても、しみじみ幸せだと感じられることだと思う。まだ自分のアイデンティティを受け止めきれずにいた思春期のころは、いつもびくびくしてて、くたくたになっていた。メンタル面がやられてたっていうのもあるけど、自分のアイデンティティや性的指向と真剣に向き合うのが、おっくうで仕方なかった。家族や友人にカミングアウトしたとき、とくに問題なく受け入れられたのはすごくラッキーだったけど、自分自身が納得して、受け入れ、心の平穏を得られるまでには時間がかかった。これまでの自分を変えることはいつだってできるんだってわかったら、成長するのがおもしろくてたまらなくなる。

　社会ってところは、成功したトランスジェンダーの人たちにはスポットライトを当てるくせに、そうじゃない人間のことは笑い者にしたり、あやしい目で見たりする。気づいたんだけど、シスジェンダーの人たちって、トランスジェンダーの性転換にやたら興味津々なんだよね。一人ひとりで見ると、トランスジェンダーには、目立ちたくないっていう人が多い。かといって、存在そのものが見過ごされたり、貧困に陥りがちだったり、やたらヘイトクライムのターゲットにされたりするのは、気分のいいものじゃないけどね。

　ホルモン療法を受けるようになって1年以上になるけど、最近では人前に出られるまでになった。すれちがった人がふつうに、「男だ」って思ってくれたらいいんだけど。社会から男と見てもらえたと思うと、なんともいえず幸せな気持ちになるし、こういう体験がすごく大事なんだ。

> 自分の性的指向や性自認がわからなくったっていい。
> そんなラベルづけなんかしなくても、じゅうぶん通用するから。

　この1年は、身体だけじゃなくて心の持ち方の面でも、自分をどう表現したらいいか、いろいろためしてみた。こうありたい、こう感じたい、そう思えるような人といっしょにいたんだけど、これが精神面でも感情面でもすごくいい勉強になったよ。1つの決まった筋書きに合わせていくのに、だんだんうんざりしてきたんだ。前は朝目覚めたときから無気力で、「なにやったってムダ」ってよく思ってた。それが今は、成長して活躍するのが楽しみだし、できたらクイアな（ちょっと変わった）トランスジェンダーのアーティストとして、世間にインパクトを与えられたらいいなと思う。少しずつ前に進むしかないし、こわくなるときもあるけど、流れに身をまかせながら、日々なんとかやってるよ。

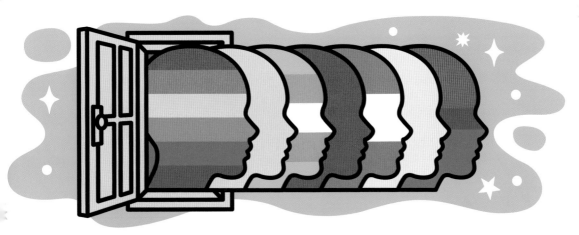

今も続く
闘い

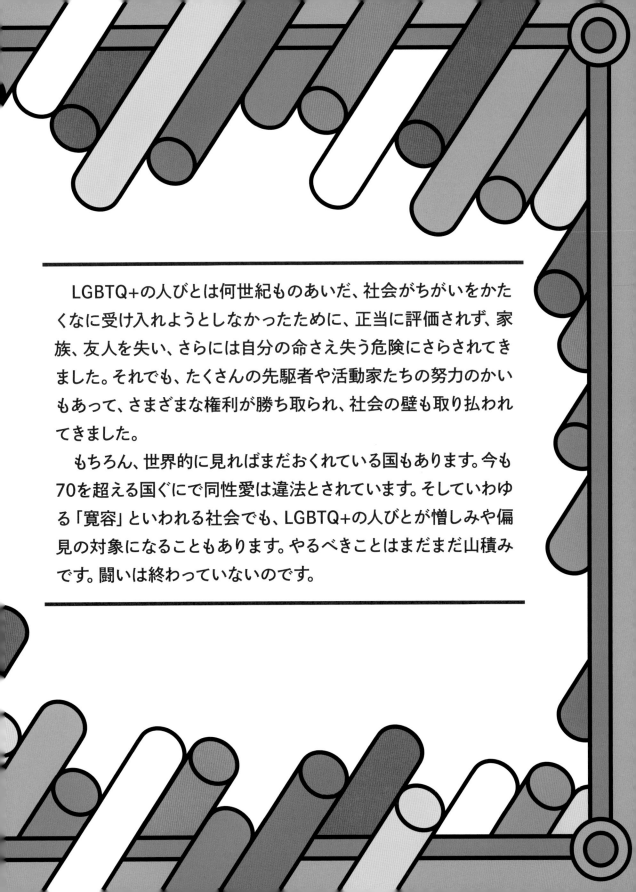

　LGBTQ+の人びとは何世紀ものあいだ、社会がちがいをかたくなに受け入れようとしなかったために、正当に評価されず、家族、友人を失い、さらには自分の命さえ失う危険にさらされてきました。それでも、たくさんの先駆者や活動家たちの努力のかいもあって、さまざまな権利が勝ち取られ、社会の壁も取り払われてきました。

　もちろん、世界的に見ればまだおくれている国もあります。今も70を超える国ぐにで同性愛は違法とされています。そしていわゆる「寛容」といわれる社会でも、LGBTQ+の人びとが憎しみや偏見の対象になることもあります。やるべきことはまだまだ山積みです。闘いは終わっていないのです。

今日の LGBTQ+

　2019年6月、アフリカのボツワナで同性愛が犯罪ではなくなり、LGBTQ+の人権活動家たちは喜びにわきました。裁判官のひとりは「マイノリティ（少数者）が差別されるような社会では、人間の尊厳は守られない」と語りました。

　ここ数十年で、LGBTQ+の権利は大きく改善しましたが、闘いが終わったわけではありません。今も世界には、愛する相手や、持って生まれたものだけを理由に、暴力や拷問、さらには命の危険にさらされている人たちがいます。アフリカのほとんどの国と、中東やアジア、アメリカ大陸の一部では、いまだに同性愛は違法とされています。

　同性愛がすべての国で合法化されているヨーロッパでも、その権利と保障の内容は、国によって大きく異なります。たとえばロシアでは、同性愛者であることを表に出すのは危険です。2013年には「同性愛宣伝禁止法」ができ、同性愛を後押しするような行為は禁止されました。これを受け、若者たちはLGBTQ+についての情報にアクセスできなくなり、この法律が制定されて以来、同性愛者への攻撃が急増しています。

　世界のどこにいても差別やヘイトクライムにさらされるLGBTQ+の人びとですが、なかでも深刻なのがトランスジェンダーの人たちで、世界中で、憎悪や暴力の標的になっています。また、法律の壁もあります。ジェンダーとして認めてもらい、公的サービスを受け、平等な機会を手にしたければ、この壁を乗り越えなくてはなりません。カナダの慈善団体レインボー・レイルロード（虹の軌道）のような団体では、おびえながら生活しているLGBTQ+の人たちが、より安全な国へ逃れられるよう手を差しのべています。

> われわれがこの世に命をさずかったのは、よい行ないをするため、
>
> 愛するためであり……世界に向けてこう宣言するためなのです。
>
> この地上によそ者なんかいない。だれだって大歓迎だと。
>
> 黒人も、白人も、赤い人も、黄色い人*も、富める者も貧しき者も、
>
> 学のある者、ない者、男、女、ゲイ、異性愛者、みんな、みんな大歓迎だと

ノーベル平和賞を受賞した、デズモンド・ツツ大司教の言葉

*「赤い人」は北アメリカ先住民
族系の人を、「黄色い人」は東
アジアや東南アジア系のモン
ゴロイド（黄色人種）を指す。

ボツワナで
同性愛が非犯罪化
されたのを受け、
お祝いする活動家たち
（2019年）

植民地時代の法律

　同性愛を禁じる法律は、イギリス本国では50年以上前に廃止されましたが、かつて大英帝国の一部だった多くの国ぐにでは、今もおなじ法律がさまざまな形で残っています。実際、かつてイギリスの植民地だった30カ国以上（パキスタン、マレーシア、ケニアなど）で、植民地統治時代に制定されたきびしい反LGBTQ+法が今も廃止されずに残っています。2018年、当時のテレーザ・メイ首相は植民地時代の負の遺産について「これらの法律を制定したのが、私の国であることは十二分に承知しています。当時、こうした法律があったことはまちがいでした。そして、それは今もおなじです」と謝罪しました。

　昔であれば、LGBTQ+であるということは、とてつもなくおそろしく、孤独なことだったでしょう。そして今も世界には、かつての状況そのままの地域がたくさんあります。それでも人びとはLGBTQ+の人たち同士で仲間を求め、つながる方法を見つけてきました。また、ストーンウォールの反乱を境に、LGBTQ+のコミュニティ団体がいくつも育っていきました。

　今日では、ゲイバーやナイトクラブのほか、LGBTQ+の人びとが集まれる専用の場もたくさん用意されていて、批判の目にさらされることなく、「安全に」会うことができます。こうした場は、都市部に集中しがちで、地方に暮らすLGBTQ+の人たちには居場所がなく、つらい思いをすることもあるでしょう。おなじことは、年配者や経済的に苦しい立場にある人、障害がある人についてもいえます。2016年、フロリダ州オーランドにあるナイトクラブ「パルス」で起こった襲撃事件は、いまだに同性愛嫌悪が残っていて、ときに、その醜さが頭をもたげることを物語っています。それでも、LGBTQ+の人たちがなにも気にせず自分らしさを表に出せる場があるのは、とても大切なことなのです。

　オンライン上のスペースやコミュニティなども、LGBTQ+の人たち同士がつながり、自分のアイデンティティについていろいろ考え、理解する上でのよりどころとなります。もちろん、嫌悪感をぶつけられたり、嫌がらせを受けたりすることもあるでしょうが、ありのままの自分を出せる場を求めている人にとっては、インターネットは逃げ場にもなりうるのです。

ロンドンにある書店「GAY'S THE WORD」は
LGBTQ+の人びとが集まる人気スポット。

社会に影響を与えたLGBTQ+の有名人⑦

クレア・ハーヴェイ
（1974年〜）

　2012年のロンドン・パラリンピックでレズビアンであると公言した、唯一のアスリート[1]。スポーツと教育におけるダイバーシティ・アンド・インクルージョン[2]の専門家でもある。

ピート・ブティジェッジ
（1982年〜）

　ゲイであることを公にしながら、アメリカ大統領選挙に名乗りを上げた初の政治家。2019年4月に民主党の大統領候補選挙に出馬。

ニッキー・ディ・ヤーヘル
（1994年〜）

　ニッキー・チュートリアルズの名前で知られるオランダ人美容インフルエンサー。YouTube登録者は1300万人を超え、2020年にトランスジェンダーであることを明かした際には、メディアで大きく取り上げられた。

*1　シッティングバレーボールのイギリス代表　／*2　多様性と受容

　今日では、LGBTQ+コミュニティをひとくくりで考えるのは、必ずしもいいわけではないという考えが広がってきています。平等を求める長い闘いの中で、数を味方につけることの強さを実感してきたLGBTQ+の人びとですが、その一方で忘れてはならないのが、LGBTQ+といってもさまざまな人がいて、体験もちがえば、必要とするものもまったくちがうということです。トランスジェンダーの人もそうですし、黒人・アジア系・少数民族（頭文字を取って「BAME：ビー・エー・エム・イー)」）や、信仰心の厚い人や障害のある人などは、LGBTQ+コミュニティの中ですら、疎外感を感じていることがあります。

学校から偏見をなくそう

　LGBTQ+の若者の多くが、性的指向を理由にいじめを受けた経験があります。その結果、不登校や成績不振になったり、精神的に落ち込むこともあります。LGBTQ+の生徒や教師にとって、学校が安心できる場所であることは、とても大切です。　LGBTQ+の生徒たちを支え、あるがままの自分に誇りを感じられるよう応援し、どんな時でもLGBTQ+の生徒たちが不利な目にあわないよう気をつけるのは、教師の大事な役目です。イギリスを拠点に活動している「スクールズ・アウトUK」や「ジャスト・ライク・アス」、アメリカのGLSEN[＊]のグリセンような慈善団体は、教育現場でLGBTQ+に対する意識が高まり、インクルージョンが進むよう、さまざまな活動を行なっています。

＊　ゲイとレズビアンとストレートの教育ネットワーク

マリエル・
フランコ

1979〜2018年

黒人でバイセクシュアルの政治家、マリエル・フランコは、2018年3月、リオデジャネイロで銃撃されて命を落とします。ブラジルで、LGBTQ+や黒人、女性の権利のために勇敢に闘ってきたフランコの死は、社会の不平等を象徴するものでした。弱い立場にあるマイノリティの人びとの声が、強力な社会的勢力によっていかにつぶされやすいかが証明されたのです。

　フランコは、リオデジャネイロのファヴェーラ（スラム街）に暮らす移民の家に生まれました。ブラジルのスラム街には貧困と暴力、犯罪がはびこり、ここに暮らす人びとは社会的に下に見られていました。こうした環境で育ったフランコは、幼いころから、差別され、チャンスに恵まれないことがどういうことか、骨身にしみてわかっていました。

　19歳で娘を出産したあと、フランコは社会学の学位を得るため大学で学びます。あるとき、警察と麻薬の売人とのあいだの銃撃戦で友人が流れ弾に当たって死亡し、これをきっかけに人権意識に目覚めます。フランコは社会自由党に入党し、党の期待の星となります。2016年には、リオデジャネイロの市議会議員に立候補して、物議をかもします。黒人でバイセクシュアルでスラム街出身のシングルマザーで、しかもずけずけ物をいう政治家は、少数派中の少数だったのです。

　2013年に同性婚が合法化され、世界最大級のゲイ・プライド・パレードが大都市サンパウロで開催されるなど、一見、ブラジルはLGBTQ+の権利に対する理解が進んだ国のように見えます。

　しかし、近年、極右政党の躍進にともない、同性愛者に対するヘイトクライムが急増しています。実際、ブラジルは世界でもっともLGBTQ+の人が殺害される割合が高いといわれています。

　殺害される13年前、フランコはパートナーのモニカ・ベニシオと出会います。フランコの娘もいっしょに３人で暮らしながら、結婚する計画も立てていました。銃撃された夜、フランコは黒人女性の立場改善を目指す集会に出席し、家に帰るところでした。車に乗っているところを襲撃され、フランコと運転手が死亡しました。

　フランコの殺害は、あらゆる傾向から見て、政治的な思惑のからんだものでした。人権の擁護を声高に訴える者は、ブラジルではお呼びじゃない、そんな悪意のこもったメッセージが感じられました。ブラジル各地で、何千人もの人びとが集まって抗議し、アムネスティ・インターナショナルやヒューマン・ライツ・ウォッチなどの人権団体が殺害をきびしく非難しました。フランコの死を受け、各地で活動家たちが声を上げはじめます。フランコの名前は生き続け、その主張が封じられることはありませんでした。その闘いは、きっとこの先も続くことでしょう。

> "
> マリエル・プレゼンチ！
> （マリエルは私たちと共にある）
> フランコの死を受けて行なわれた
> 抗議活動のスローガン
> "

自分にとっての プライドとは

〔名前〕 ムハンマド・バーバー

〔年齢〕 24歳

〔性自認〕 ゲイ ／ クイア

　これからここで、カミングアウトするよ。やあ、クイアのイスラム教徒だよ。自分がゲイだって書かれたものの横に顔写真をのせるのははじめてだな。インタビューを受けたり、文章に書いたりしたことは前にもあるけど。でも「ムハンマド」なんて名前、イスラム教徒のあいだじゃありふれてて、「匿名」っていうのと変わらないんだよね。だから、このコーナーに顔入りで登場することは、ぼくにとっては長い道のりの大きな節目だ。

　ちょっと話が前にもどるけど、2013年の夏に足をケガしたんだ。一日中ボーっとなにもしないでいたら、とうとう逃れようのない事実に気づいた。男性に惹かれるってことにね。それからは、落ち込みと不安の渦に飲み込まれたみたいになったよ。しかもそれがちょうどラマダンの時期でさ、ゲイのイスラム教徒はみな、痛いぐらい自己矛盾を感じさせられるんだ。ぼくが苦しんでいる様子を見て母さんが、どうしたのかと聞いてきた。ぼくはわっと泣きくずれて、母さんに打ち明けたんだ。母さんの受け止めは、予想していたよりずっとまともだった。肩の力がどっと抜けたね。でもこんなのまだ入り口にすぎなかった。闇のような日々がはじまって、その中で社会という外海や、宗教、家族や友人たちとなんとかうまくやりながら、大学最終学年までたどりついた。楽しくはなかったよ。

すごく意外だったのは、おなじイスラム教徒の友人たちが、思っていたよりずっと好意的に受け止めてくれたことだ。友人から受け入れてもらえた、ただそれだけなんだけど、自分にとってはもっと大切な意味があった。つまり、宗教に受け入れてもらったってことだ。転機が訪れたのは、地域の指導者、イマームと話をした時だった。イマームは、性的指向は変えられるものじゃないって、自然なことだって暗に言ったんだ。びっくりしたね。だって、そのイマームは、それまでいつも、ゲイは祈ったところで治らない、なんて言い方をしてたから。

そこからは、ひたすら自己分析の日々だったよ。子どものころから教え込まれてきた「真実」を問い直して、新しい解釈を見つけようとした。自分が育ってきたコミュニティに、何世紀ものあいだ受け継がれてきた宗教的解釈に、そしてLGBTQ+の人ならほとんどだれもが感じている根深い自己嫌悪や自己不信につながるもの、すべてにぶつかっていったんだ。

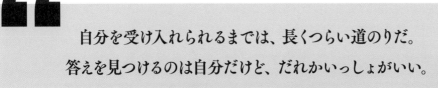

> 自分を受け入れられるまでは、長くつらい道のりだ。
> 答えを見つけるのは自分だけど、だれかいっしょがいい。
> おたがい支え合うことが必要なんだ。

何カ月もかかったけど、結局うまくいった。もしぼくひとりだったら、答えにたどりつけなかったと思う。自分のコミュニティを見つけるのってものすごく大事だ。コミュニティの仲間たちが支え、受け入れてくれる。まあ、大変な思いをさせられることもあるけど。いい日もあれば、悪い日もあるし、楽じゃない。まだすべてをうまく回せているわけじゃないけど、前よりはずっといい感じだ。

これを読んでくれたきみに、インドのトランスジェンダー活動家の言葉を送るよ。ぼくをいつも奮い立たせてくれた言葉だ。「人生をつかみとれ」

LGBTQ+の
権利のあゆみ

19世紀後半から今日にかけて、LGBTQ+の権利を求める闘いを通じ、数多くのハードルが乗り越えられてきました。なかでもカギとなったのが、同性愛行為を犯罪から除外することでした。しかし、国がちがえば、法が市民に求めるものも、社会の受け止め方も異なります。その乗り越えてきたハードルすべてを取り上げることはできませんが、注目すべき大きな出来事を紹介しましょう。

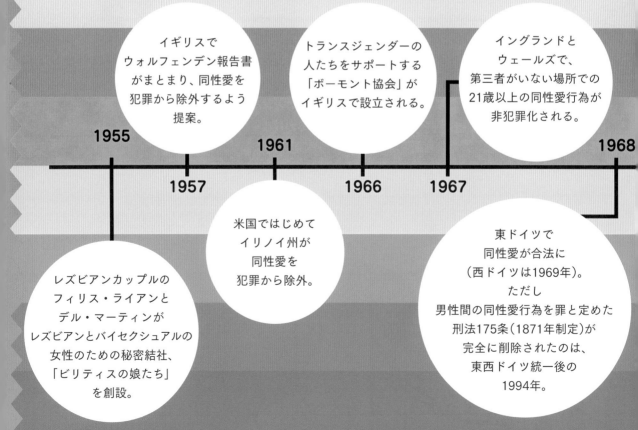

イギリスで
ウォルフェンデン報告書がまとまり、同性愛を犯罪から除外するよう提案。

トランスジェンダーの人たちをサポートする「ボーモント協会」がイギリスで設立される。

イングランドとウェールズで、第三者がいない場所での21歳以上の同性愛行為が非犯罪化される。

1955

1957

1961

1966

1967

1968

米国ではじめてイリノイ州が同性愛を犯罪から除外。

東ドイツで
同性愛が合法に
（西ドイツは1969年）。
ただし
男性間の同性愛行為を罪と定めた
刑法175条（1871年制定）が
完全に削除されたのは、
東西ドイツ統一後の
1994年。

レズビアンカップルのフィリス・ライアンとデル・マーティンがレズビアンとバイセクシュアルの女性のための秘密結社、「ビリティスの娘たち」を創設。

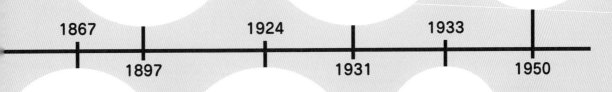

ドイツ人医師
マグヌス・ヒルシュフェルトが、
世界最初のLGBTQ+のための
人権団体、科学人道主義委員会を
ベルリンに設立。

ドイツのベルリンで、
ドーラ・リヒターが、
世界初といわれる
男性から女性への
性別適合手術を受ける。

米国で
ハリー・ヘイが
ゲイ支援団体、
マタシン協会を
設立。

1867　　　　**1924**　　　　**1933**

1897　　　　**1931**　　　　**1950**

ドイツ人作家、
カール・ハインリヒ・
ウルリクスが
はじめて公の場で
同性愛を擁護。

米国初の
LGBTQ+の人権団体である
人権協会が
ヘンリー・ガーバーによって
設立される。

デンマークが
同性愛を犯罪から
除外。

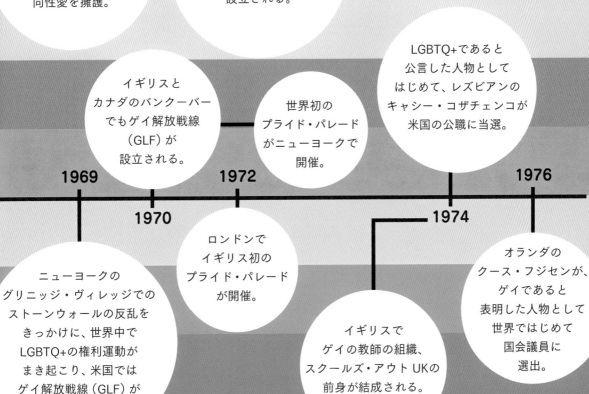

LGBTQ+であると
公言した人物として
はじめて、レズビアンの
キャシー・コザチェンコが
米国の公職に当選。

イギリスと
カナダのバンクーバー
でもゲイ解放戦線
（GLF）が
設立される。

世界初の
プライド・パレード
がニューヨークで
開催。

1969　　　　**1972**　　　　**1976**

1970　　　　**1974**

ロンドンで
イギリス初の
プライド・パレード
が開催。

オランダの
クース・フジセンが、
ゲイであると
表明した人物として
世界ではじめて
国会議員に
選出。

ニューヨークの
グリニッジ・ヴィレッジでの
ストーンウォールの反乱を
きっかけに、世界中で
LGBTQ+の権利運動が
まき起こり、米国では
ゲイ解放戦線（GLF）が
設立される。

イギリスで
ゲイの教師の組織、
スクールズ・アウト UKの
前身が結成される。

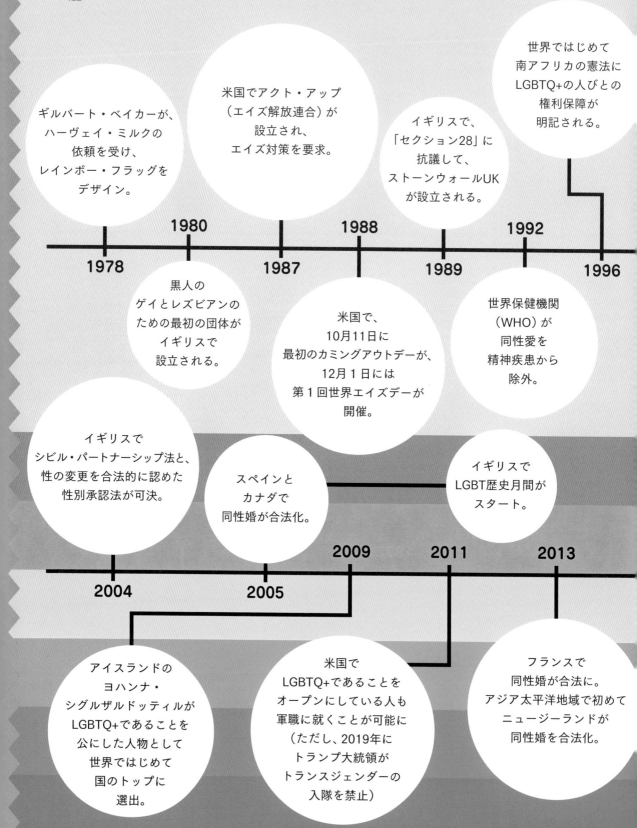

ギルバート・ベイカーが、ハーヴェイ・ミルクの依頼を受け、レインボー・フラッグをデザイン。

米国でアクト・アップ（エイズ解放連合）が設立され、エイズ対策を要求。

イギリスで、「セクション28」に抗議して、ストーンウォールUKが設立される。

世界ではじめて南アフリカの憲法にLGBTQ+の人びとの権利保障が明記される。

1980

1988

1992

1978

1987

1989

1996

黒人のゲイとレズビアンのための最初の団体がイギリスで設立される。

米国で、10月11日に最初のカミングアウトデーが、12月1日には第1回世界エイズデーが開催。

世界保健機関（WHO）が同性愛を精神疾患から除外。

イギリスでシビル・パートナーシップ法と、性の変更を合法的に認めた性別承認法が可決。

スペインとカナダで同性婚が合法化。

イギリスでLGBT歴史月間がスタート。

2009

2011

2013

2004

2005

アイスランドのヨハンナ・シグルザルドッティルがLGBTQ+であることを公にした人物として世界ではじめて国のトップに選出。

米国でLGBTQ+であることをオープンにしている人も軍職に就くことが可能に（ただし、2019年にトランプ大統領がトランスジェンダーの入隊を禁止）

フランスで同性婚が合法に。アジア太平洋地域で初めてニュージーランドが同性婚を合法化。

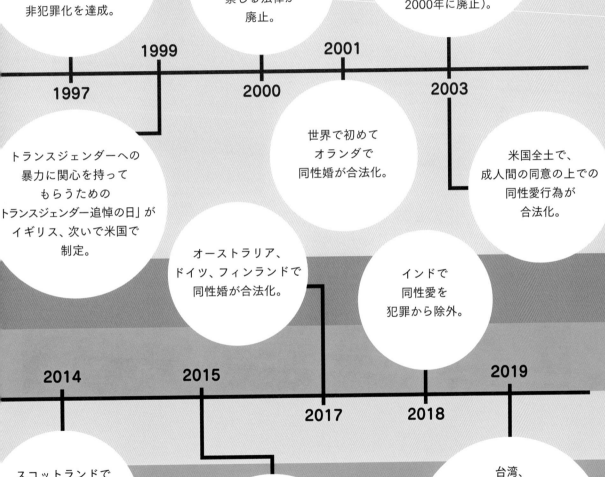

米国で
はじめてとなる
パートナーシップ
制度が
バーモント州で
導入。

中国で
同性愛が犯罪から除外。
オーストラリアでは
タスマニアの法改正により、
国全体での同性愛の
非犯罪化を達成。

イギリスで、
LGBTQ+の人が
兵役に就くことを
禁じる法律が
廃止。

同性愛者の
昇進を禁じた
地方自治法第28条
（通称「セクション28」）が
イングランド、ウェールズ、
北アイルランドで廃止
（スコットランドは
2000年に廃止）。

1999

1997

2001

2000

2003

トランスジェンダーへの
暴力に関心を持って
もらうための
「トランスジェンダー追悼の日」が
イギリス、次いで米国で
制定。

世界で初めて
オランダで
同性婚が合法化。

米国全土で、
成人間の同意の上での
同性愛行為が
合法化。

オーストラリア、
ドイツ、フィンランドで
同性婚が合法化。

インドで
同性愛を
犯罪から除外。

2014

2015

2019

2017

2018

スコットランドで
同性婚が合法化
（2013年のイングランドと
ウェールズに続いて）。

米国全土で
同性婚が合法化。
世界ではじめて
アイルランドで
国民投票により
同性婚が合法化。

台湾、
オーストリア、
エクアドルで
同性婚が合法化。
アンゴラとボツワナで
同性愛を
犯罪から除外。

自分にとっての**プライド**とは

Aisho Nakajima

クイア・アーティスト

25歳

ゲイ

子どものころ

　キリスト教系の家庭で育ち、ふだんのコミュニケーションは英語、小学3年生まではホームスクールでした。学校に行くようになると、カタコトの日本語をからかわれていじめにあい、5年生で転校しましたが、そこでもいじめられました。

　中学に入り、すぐに自分がゲイであることに気づきました。幼いころから周囲の人が「ゲイは地獄に行く」と言うのを聞いていました。自分を理解できず、認めることもできず、死にたくなりました。誰にも言えない秘密を抱えてしまったのです。

中学時代はギャルサーで
友だちの輪を広げ、
自分の居場所を見つけました。

居場所を見つけて

　ちょうどそのころ、年上の仲間やほかの中学の友だちができ、不登校になりました。けれど仲間との時間を通して、やっと自分の居場所を見つけられた気がしました。メイクも大好きになり、どんどん交友関係を広げていきました。中学卒業の日、金髪を黒スプレーで染めて学校へ行きましたが、卒業式には入れてもらえず、校長室で15人くらいの先生に囲まれて、1人だけの卒業式（気まずかった……）。

高校は、通信制の学校に通いました。アルバイトをしながら、通学は月に1回くらい。アパートの一室ほどの小さなところで、先生とも仲良くなりました。

自分がわからない

自分のアイデンティティに悩みはじめたのは、このころでした。ほとんどの友だちに異性のパートナーができ、毎日のように「彼女は作らんの？」と聞かれるのがつらかった。自分の想いを伝えることができず、恋愛の話は避けるようにしていました。誰のために生き、誰のために自分がゲイであることを隠しているのか、自分がわからなくなってしまいました。ストレスから体調が悪くなって、1年以上微熱が続き、いろんな病院を回った末「自律神経失調症」と診断されました。その時に自分を救ってくれたのは、幼いころから好きだった音楽でした。

カミングアウト

17歳のときにカミングアウト。周りにも自分にもうそをつき続ける毎日に我慢できなくなったのです。周りにいる全員が自分から離れていくことを覚悟しました。けれど、反応は想像していたものとは真逆でした。友だちは今までと何も変わらず接してくれました。周りとの仲が深まり、恋愛やセックスライフの話もできるようになったことが本当に嬉しかったのです。人生に希望を持った瞬間でした。

クイアの人がどこにでもいる街で

高校卒業後、貯めていたお金でオーストラリアのシドニーに移住しました。2年間、カルチャーショックの連続でした。生き方、考え方、そしてクイアの人がどこにでもいること……。アルバイト生活をしながら、週末は遊びにでかけ、新しい友だちもたくさんできて、とにかく楽しい日々でした。

> 何がどうあれ、
> 本当にやりたいことには
> チャレンジしてほしい——。
> 理想ではない過去だけど、
> その過去があって今の自分がいることを、
> 私は経験してきたから。
> 自分の直感を大事にして行動することで、
> 「類は友を呼ぶ」
> 仲間を引き寄せられる
> んじゃないかな。

音楽活動スタート

　2018年秋に帰国。趣味でSNSにアップしていた動画をきっかけに、知り合いが主催するイベントで歌うことになったのです。はじめてAisho Nakajimaとしてステージに立ちました。その時の緊張感やアドレナリンの溢れ出る感覚は一生忘れません。

　その経験を機に、音楽を作りたい！　と決意。友だちに音楽プロデューサーをさがしてると言い広めていたところ、女性プロデューサーと出会い、音楽制作がはじまりました。曲をリリースすると、いろんな嬉しいことが続きました。みんなが応援してくれること、自分の音楽を通して共感してくれる人がいること、音楽活動以外のプロジェクトに誘ってもらえること、毎日夢が叶っていくような気持ちでいます。

　音楽を制作してるうちに今までに知らなかった自分をもっと知ることもでき、曲を作ることは、ストレス発散にもなっています。

周りの人からたくさんの
サポートと刺激をもらい、
Aisho Nakajimaを
表現できるようになりました。

自分にとってのプライドとは、
自分を理解して、どんな自分も受け止めて、愛してあげること。
それがどれだけ難しいことかもわかります。
けど、すごく楽になる。
最近やっと自分を少しずつ愛せるようになってきました。

セクシュアリティに悩むあなたへ

　セクシュアリティに悩みがあったり、将来に不安があっても、それを乗り越えたら絶対にいいことがあります。焦らず、ありのままの自分でいてください。カミングアウトは、したくなかったらしなくてもだいじょうぶ。自分のセクシュアリティは、ほかの誰かには関係ないし、それによって人間性が変わるものでもないのだから。自分のペースで自分と向き合って自分を知っていくうちに理解できるようになっていくはずです。

　LGBTQ+のコミュニティはすごく大きくて、一歩踏み入れると共感できる友だちも増えるし、セクシュアリティ、ジェンダー・アイデンティティ、国籍、肌の色なんてどうでもよくなっていきます。みんないっしょの人間だから♡

　だから自分にプライドを持って、好きな服を着て、好きなメイクをして、好きな音楽を聴いて、好きな国に住んで、好きな仕事をして、好きな人を好きになればいい。ありのままでいい。みんな一人じゃない！

1日も早く愛とリスペクトのある世界に変わりますように。

今は、自分の音楽で
LGBTQ+の若い人や子どもたちを
勇気づけられたら幸せだな
と思っています。

愛知県出身。高校卒業後オーストラリアに移住し、帰国後の2020年にファーストシングル『Over This』をリリース。翌年、ミニEP『Sleeptalk』を発表。同年、青山テルマの「Yours Forever」に客演として参加。切なく甘い歌声と心地よい音楽、メイク、ファッションなどで独自のスタイルを表現し、そこにいるだけで光を放つ気鋭のシンガーソングライター／ラッパー／パフォーマー／モデルとして注目される。

用語解説

異性愛者、ヘテロセクシュアル（Heterosexual）
性愛の対象が異性である人のこと。

異性装（Cross-Dressing）
異性が着る衣類を身につけること。

インターセックス（Intersex）
身体的性が男性とも女性とも一致しない人のこと。

LGBTQ+
レズビアン、ゲイ、バイセクシュアル、トランスジェンダー、クイアまたはクエスチョニングの頭文字をつなげ、「+」でそのほかのアイデンティティも含めることを表している。

過失致死罪（Manslaughter）
だれかを殺したものの、殺害の意図はないため、殺人の罪には問えないもの。

キャバレー（Cabaret）
歌やダンスを披露するエンターテイメント。

強制収容所（Concentration Camp）
多くの人びとが、きびしい条件の下、収容されている場所。

クイア（Queer）
性やジェンダーが、社会の規範どおりでない人のことをぼかした言い方。ちょっと変わったというニュアンス。

クエーカー（Quaker）教徒
キリスト教プロテスタントの一派。平和のために力を注ぐ信仰心の厚い信仰集団。

クローゼット（Closet）
LGBTQ+であることを公表していない状態を表す言葉。＊come out of the closet＝カミングアウト。

ゲイ（Gay）
性愛の対象が同性である人のこと。通常は男性について用いられるが、レズビアンについても用いられる。

刑法（Penal Code）
犯罪と刑罰を規定した法律のこと。

血友病患者（Haemophiliac）
血友病は、血液が凝固しない症状を呈する病気で、その患者のこと。

差別（Discrimination）
人種やジェンダー、セクシュアリティ（性的特質）などを理由に相手を劣ったように扱うこと。

ジェンダーフルイド（Gender Fluid）
性自認が一定ではなく、そのときどきで変わること。

シスジェンダー（Cisgender）
性自認と生物学上の性が一致している人のこと。

シビル・パートナーシップ（Civil Partnership）
婚姻関係と同等の権利が法的に認められた関係。

重大わいせつ罪（Gross Indecency）
イギリスの法律にある罪名。とくに男性間の性行為を処罰の対象とする。

植民地（Colony）
ほかの国に支配されている領土。

神学者（Theologian）
神や宗教を研究する人のこと。

ステレオタイプ、固定観念（Stereotype）
人やものに対して持つ、こり固まった考え方。まちがったものであることが多い。

ストレート（Straight）
異性愛者のこと。

スピークイージー（Speakeasy）
禁酒法時代に違法に酒類を売っていたバーを指す通称。

性別適合手術（Gender Reassignment Surgery）
トランスジェンダーの体の特徴を、性自認に合うように変える手術のこと。

性別の不一致（Gender Variance）
性の自己認識と身体の性が一致しないこと。

世界恐慌（Great Depression）
1929年から1941年まで続いた世界的な経済危機のこと。

セクシュアル・アイデンティティ（Sexual Identity）
自分の性のとらえ方や表し方。

セックス・ワーカー（Sex Worker）
お金をもらって性的なサービスをする人。

全性愛、パンセクシュアル（Pansexual）
相手の身体的な性や性自認に関係なく好きになる人のこと。

ダイク（Dyke）
レズビアンの別称、スラング。

ダビデの星（Star of David）
ユダヤ教信仰のシンボル。

地下活動（Underground）
秘密裏に行なわれる活動。非合法であることが多い。アングラ。

チューリング法（Turing's Law）
イギリスで、かつてセクシュアリティを理由に有罪となった人を恩赦にした2017年の法律。

統合失調症（Schizophrenia）
幻想や思考障害をともなうことも多い、精神障害の一つ。

同性愛嫌悪、ホモフォビア（Homophobia）
LGBTQ+の人を恐れる、またはきらうこと。

同性愛者（Homosexual）
性愛の対象が同性である人のこと。

ドラグ・ボール（Drag Ball）
LGBTQ+のあいだで1920年代に流行したアングラ文化。ドラァグ・クイーンたちが栄華や賞を競う。

ドラァグ・クイーン（Drag Queen）
女性の衣類を身につけて舞台を演じる人のこと。主に男性。

トランスジェンダー（Transgender）
生まれ持った性と性自認が異なる人のこと。

ナチス、ナチ党（NAZI）
アドルフ・ヒトラーの率いる政党、国家社会主義ドイツ労働者党のこと。

ネオナチ（Neo-NAZI）
ヒトラーの政治信条に刺激を受けた人のこと。

ノン・バイナリー（Non-Binary）
性自認が、典型的な「男性」とか「女性」にあてはまらないこと。

バイセクシュアル（Bisexual）
性愛の対象が二つ以上のジェンダーにまたがる人のこと。両性愛者。

バガリー（Buggery）
ソドミーまたは肛門性交の俗語表現。

迫害（Persecution）
人種、ジェンダー、性的特徴などを理由にひどい扱いをすること。

パンジー・クラブ（Pansy Club）
1920年代から1930年代はじめにかけての、いわゆるパンジー・クレイズの時期に流行したLGBTQ+の人が集まる秘密クラブのこと。

ファシズム（Fascism）
強力なリーダーの下、反対意見が許されない政治形態のこと。

フェミニスト（Feminist）
女性の平等な権利を目指す人のこと。

プロパガンダ（Propaganda）
人びとの思想や行動に影響を与えることを目的とした情報。誤ったものであることが多い。

偏見（Prejudice）
知識や理由もないのに悪くとらえること。

ボヘミアン（Bohemian）・アーティスト
伝統や習慣にこだわらない自由奔放な生活をしている芸術家の総称。

魔性の女（Femme Fatale）
その魅力にとりつかれた人をトラブルに陥れる魅力的な女性のこと。

魔女狩り（Witch Hunt）
特定の人びとを見つけ出し、罰しようとする試み。

ラベンダー結婚（Lavender Marriage）
片方または両者のセクシュアル・アイデンティティを隠すためにする結婚。

冷戦（Cold War）
アメリカ合衆国を中心とする資本主義諸国とソ連を中心とする社会主義諸国とのあいだの緊迫した対立関係（1946〜1991年）。

レズビアン（Lesbian）
性愛の対象が女性である女性のこと。

さくいん

A〜Z

HIV（ヒト免疫不全ウイルス）.............................. 76-81
　HIV陽性者......................... 77-79, 81, 100
LGBTQ+コミュニティとの協力.......................... 88
LGBTQ+を扱った映画............81, 89, 91, 93, 102, 107
LGBTQ+を扱った小説............. 37, 49, 60, 106-107
LGBTQ+を扱ったテレビ番組......65, 78, 91-92, 102-103
LGBT歴史月間...8, 122

あ行

アイスランド 50, 98, 122
アイナー・ヴィーグナー（リリー・エルベ）............34-35
アイルランド 96, 98, 123
アウトレイジ！（争議集団）................ 66, 87
アクト・アップ（エイズ解放連合）......63, 78-79, 81, 122
アラン・チューリング（暗号解読者）.................. 25, 51
アリス・ウォーカー（作家）............................107
アルフレッド・キンゼイ博士（性科学者）.............. 48
アルフレッド・ダグラス卿（ボージー）............ 24-25
アン・リスター（通称「紳士ジャック」）............ 16-17
イアン・マッケラン卿（俳優）.......................... 86
石川大我 98
イスラエル...71, 99
イタリア 66, 98
インド...12, 123
ヴァージニア・ウルフ（作家）............................106
ヴィト・ルッソ（活動家）..........................80-81
ウィリアム・シェイクスピア（作家）............ 14-15
ウォルト・ホイットマン（詩人）............ 20-21, 24
ウォルフェンデン委員会.............................50, 120
エイズ（後天性免疫不全症候群）.....76-81, 86, 90
　エイズの運動............. 63, 77-81, 122
　エイズに対する意識............................ 79
　エイズで亡くなった有名人.......77-78, 90, 100, 107
エマ・ゴールドマン（活動家）............................ 30
エミリー・ディキンスン（詩人）........................ 21
エレン・デジェネレス（俳優）............................ 91
オーストラリア 65-66, 96-98, 100, 123
オードリー・ロード（詩人、活動家）............52-53

オスカー・ワイルド（作家）................ 22, 24-25, 30-31
オバマ米大統領（バラク・オバマ）.................... 93, 99
オランダ..................20, 48, 96, 121, 123
恩赦...25, 51

か行

ガートルード・スタイン（作家）........................... 33, 45
カーラ・デルヴィーニュ（モデル）............................102
カール・ハインリッヒ・ウルリクス（活動家）.....22, 121
科学人道主義委員会................................... 23, 121
カナダ 71, 96, 98, 112, 121-122
カミングアウト.............13, 64, 69, 90-91, 100-102
　カミングアウトした有名人.......53, 65, 77, 86, 90-91,
　　98, 100-102
　カミングアウトの体験談............42, 72-73
監獄（刑務所）............................24-25, 38
北アイルランド...96, 123
キャシー・コザチェンコ（政治家）........................98, 121
強制収容所...38-39
ギルバート・ベイカー（旗の考案者）.................67, 122
クリスティーヌ・アンド・ザ・クイーンズ（ミュージシ
　ャン）..104-105
クリスティーン・ジョーゲンセン（初期のトランスジェ
　ンダーの有名人）............................ 47
クリントン米大統領（ビル・クリントン）.................... 95
グレン・バーク（野球選手）............................100
軍とLGBTQ+の権利.................. 99, 122-123
ゲイ解放戦線（GLF）.................. 61-62, 64, 121
　イギリスのGLF.................. 64-66, 121
ゲイ活動家連盟（GAA）............................ 80
警察.................50, 66（「逮捕」も参照）
　LGBTQ+コミュニティとの協力.............................. 88
　襲撃...21, 31, 36
　ストーンウォールの反乱への対応........................60-61
　秘密警察...38, 66
ゲイとレズビアンとストレートの教育ネットワーク
　（GLSEN）..115
結婚...94-97
ケニア...113

抗議 ……………59, 64, 66, 117(「ストーンウォールの反乱」も参照)
　エイズ危機への抗議 …………………… 78
　セクション28への抗議 ………………86-87
攻撃(同性愛嫌悪)……… 67, 88, 89, 112, 114(「ヘイトクライム」、「殺人」も参照)
絞首刑 …………………………14, 18-19, 21
古代ギリシャ ……………………… 12-13

さ行

殺人(同性愛嫌悪)……69, 88-89, 92-93, 116-117(「攻撃」、「ヘイトクライム」も参照)
サッチャー英首相(マーガレット・サッチャー)…..86-87
ジェイムズ・ボールドウィン(作家)………… 49
死刑 ………………18, 19, 22, 71(「絞首刑」も参照)
シビル・パートナーシップ ………………96, 122
ジミー・ソマーヴィル(ミュージシャン) …………91
ジャスティン・ファシャヌ(サッカー選手)…………101
ジャスト・ライク・アス(運動組織) …………115
ジャッキー・フォースター(活動家) …………65
ジョージ・マイケル(ミュージシャン) ………… 90
ジョージ・モスコーニ(サンフランシスコ市長)………69
ジョブライアス(ブルース・ウェイン・キャンベル)…107
ジョン・ギールグッド(俳優) ………………… 50
シルビア・リベラ(活動家) …………………61, 62
人権団体 …………………………… 31, 121
紳士ジャック(アン・リスターの通称) …………16-17
スウェーデン ……………………………50, 88
スクールズ・アウトUK(慈善団体) ……8, 87, 115, 121
ストーミー・デラーヴァリー(活動家) ………………61
ストーンウォール・イン ………………60-61, 63, 70
ストーンウォールの反乱 ……………61-62, 121
　ストーンウォールの反乱の記念日 ……66, 69-70
　ストーンウォールの反乱の遺したもの(遺産)………64, 70, 80, 90-91, 94, 114
ストーンウォールUK(運動組織) ……… 87, 98
スペイン ……………………………66, 71, 96, 122
スポーツ ……………………………100-101, 114
性科学研究所 ……………………… 30, 38
政治家(ゲイを公表)………96, 98, 114, 121-122(「マリエル・フランコ」、「キャシー・コザチェンコ」、「ハーヴェイ・ミルク」も参照)
性指向(セクシュアル・オリエンテーション)………9, 88

性別適合手術………………… 34-35, 47, 51, 97, 121
世界エイズデー…………………………………122
世界保健機関(WHO) ………………………65, 122
セクション28(地方自治法28条)………86-87, 122-123

た行

第一次世界大戦 ………………………… 30-31
第二次世界大戦 ……………… 41, 45-47, 51
逮捕(「警察」も参照)……………………… 38
　ゲイのための権利活動 ……… 31, 64, 66
　重大わいせつ罪 ……………25, 36, 51
ダスティ・スプリングフィールド(歌手) ………… 90
ダナ・インターナショナル(歌手) …………………91
中国 ……………………………… 12, 70, 123
中傷と闘うゲイ&レズビアン同盟(GLAAD) ………… 80
チューリング法 …………………………… 25
デヴィッド・ボウイ(ミュージシャン) ………… 90
デズモンド・ツツ大司教 …………………… 113
デル・マーティン(活動家) ………………… 48, 120
テレンス・ヒギンズ(エイズの犠牲者) ………… 76
デンマーク ……………… 34, 47-48, 50, 88, 121
ドイツ ……………………………… 35, 40, 66
　ドイツ国内のナチス ………………38-39, 41
　ドイツにおけるLGBTQ+の権利の広がり ………29-30, 120-121, 123
同性愛の犯罪化 …………………14, 18-19, 22, 38, 113
同性愛の非犯罪化 ……… 20, 50, 58, 112-113, 120-123
同性婚 …………… 18, 48, 94-97, 116, 122-123
　同性婚の合法化 …………………88, 95-97, 122-123
トーマス・ビーティ(妊娠したはじめての男性) ……… 97
ドーラ・リヒター(手術を受けた初期のトランスジェンダー) …………………………………………… 121
トランスジェンダー追悼の日 ………………………123
トランプ米大統領(ドナルド・トランプ) …………99, 122

な行

ナタリー・クリフォード・バーニー(詩人) …………… 32
ナチス ……………………………38-39, 41, 46, 51
ニコラ・アダムズ(ボクサー) ………………………101
日本 ……………………………………… 12, 98
ニュージーランド ……………………… 96, 98, 122
ニューヨーク ……………………………… 32, 38
運動 ……………………………… 59, 64, 79

プライド・パレード ……… 66-67, 69-71, 79, 116, 121
　ストーンウォールの反乱 …………………60, 121
妊娠した男性 ………………………………… 97
ネオナチ ……………………………………… 66

は行

ハーヴェイ・ミルク（政治家）…………67-69
バイヤード・ラスティン（活動家）………… 59
パキスタン ……………………… 102, 107, 113
旗（レインボー・フラッグ）………9, 67, 122
パリ …………………………32-33, 34, 49, 78
ハリー・ヘイ（活動家）…………………48, 121
ハリウッド …………………………37, 41, 77, 91
パレード ……………………（「プライド・パレード」を参照）
ハンガリー …………………………………… 58
ピーター・タッチェル（活動家）…………66-67
ビリー・ジーン・キング（テニス選手）……………100
ビリティスの娘たち ………………………48-49, 120
フィリス・ライアン（活動家）……… 48, 120
フィンランド ………………………………………123
プライド・パレード ……… 66-67, 69-71, 79, 116, 121
　ロンドンのプライド・パレード …………… 65-67, 121
　ニューヨークのプライド・パレード……66, 70, 79, 121
ブラジル……………………… 71, 99, 116-117
フランス ……………… 20, 32, 104-105, 122
ブランドン・ティーナ（殺害されたティーンエイジャー）……………………………………………… 89
フレディ・マーキュリー（ミュージシャン）………… 78, 90
ブレンダ・ハワード（「プライドの母」）…… 66
ヘイズ・コード ………………………… 36, 80
ヘイトクライム……………… 71, 88-89, 92-93, 112, 117
（「殺人」も参照）
ベルギー ……………………………… 96, 98
ヘンリー・ガーバー（活動家）……… 31, 121
ヘンリー・デイヴィッド・ソロー（哲学者）……… 20
法律
　イギリス植民地時代の遺産 ………………… 19, 113
　軍で働く、兵役 …………………… 99, 122-123
　性別承認法…………………………………122
　チューリング法 ……………………… 25
　「同性愛宣伝禁止」……… 86-87, 112, 123
　同性愛の犯罪化……………14, 18-19, 22, 38, 113
　同性愛の非犯罪化 ……… 20, 50, 58, 112-113, 120-123

同性婚 ……………… 18, 48, 88, 94-97, 116, 122-123
　反ヘイトクライム ………………………… 93
養子縁組権 …………………………………96-97
ボーイ・ジョージ（ミュージシャン）……… 90
ボーモント協会 …………………………………120
ボツワナ ………………………… 112-113, 123
ポラリ………………………………………………31

ま行

マーシャ・P・ジョンソン（活動家）………… 42, 61-63
マグヌス・ヒルシュフェルト（医師、活動家）…………23,
　29-30, 35, 38, 107, 121
マシュー・シェパード（学生）………89, 92-93
マタシン協会………………………48, 59, 121
マリエル・フランコ（政治家）…………116-117
マレーネ・ディートリッヒ（女優）………40-41
南アフリカ ……… 70, 88, 96, 99, 122

や行・ら行

養子縁組権 …………………………………96-97
ライアン・ホワイト（血友病患者でエイズ活動家）…… 79
ラドクリフ・ホール（作家）………………… 37
ラバーン・コックス（女優）…………………103
ラリー・クレイマー（エイズの活動家）………… 78
ラルフ・ワルド・エマーソン（哲学者）……… 20
リリー・エルベ（別名アイナー・ヴィーグナー）……34-35
レオナルド・ダ・ヴィンチ（画家）…………14
レニー・リチャーズ（テニス選手）…………100
ローマ帝国 ………………………………… 12, 18
ロシア …………………………… 18, 66-67, 112
路上異性装者たちの行動革命家（STAR）………61, 62
ロック・ハドソン（俳優）………………… 77
ロレイン・ハンズベリー（劇作家）………… 49
ロンドン ……………………21, 36, 88, 114
　ロンドンのプライド・パレード …………… 65-67, 121

もっと知りたい人のために

各地でLGBTQ＋などセクシュアルマイノリティの人や支援する人がグループを作り、集まってお話したり、イベントをしたり、さまざまな活動しています。

また、自分のセクシュアリティに悩んだり、セクシュアリティを理由に家族や周りの人から不当な扱いを受けていると感じた時には、いろいろな相談・サポート機関があります。

東京レインボープライド ・・

　LGBTQをはじめとするセクシュアル・マイノリティの存在を社会に広め、「"性"と"生"の多様性」を祝福するイベントで、例年4月後半〜5月ごろに「プライドパレード＆プライドフェスティバル」が開催されます。すべての人が、より自分らしく誇りをもって、前向きに生きていくことができるHappy！な社会の実現をめざして活動する特定非営利活動法人 東京レインボープライドが主催し、賛同する国内のさまざまなグループや企業が参加しています。

　また東京レインボープライドに連動して、全国各地でもイベントが催されます。

https://tokyorainbowpride.com/

©TRP2022

サポート・相談の窓口

全国の相談窓口 ‥‥‥‥‥‥‥‥‥‥‥‥‥‥‥‥‥‥‥‥‥‥‥‥‥

「認定NPO法人虹色ダイバーシティ」のサイトで、各地の相談・サポート窓口が紹介されています。

https://nijiirodiversity.jp/513/

国の電話相談 ‥‥‥‥‥‥‥‥‥‥‥‥‥‥‥‥‥‥‥‥‥‥‥‥‥‥

法務省の人権問題に関する電話相談窓口があります。電話の発信場所の最寄りの法務局・地方法務局につながり、法務局職員または人権擁護委員が相談を受けます。秘密は厳守されます。法務局・地方法務局およびその支局では、窓口において、面接による相談も受け付けています。

■ 子どもの人権110番

0120-007-110（平日8:30〜17:15）

■ みんなの人権110番

0570-003-110（平日8:30〜17:15）

＊IP電話から発信する場合は、下記サイトから、最寄りの法務局に電話します。

https://www.moj.go.jp/JINKEN/jinken03_00223.html

国のインターネット相談、メール相談 ‥‥‥‥‥‥‥‥‥‥‥‥‥

インターネットを利用した人権相談窓口です。相談フォームに相談者の情報や相談内容を記入して送信すると、後日、最寄りの法務局から回答が届きます。24時間受け付けています。

■ インターネット人権相談

https://www.moj.go.jp/JINKEN/jinken113.html

■ 子どもの人権SOS-eメール

https://www.jinken.go.jp/soudan/PC_CH/0101.html

（パソコン・スマホ用サイト）

https://www.jinken.go.jp/soudan/MO_CH/0101.html

（携帯電話用サイト）

著者紹介

●著者

ステラ・A・コールドウェル　Stella A. Coldwell

児童書作家。大学で英文学を学んだ後、編集者、著者として出版業に長く携わる。その他の著書に、『世界を変えた100の科学者　ダーウィンからホーキングまで』（実業之日本社、2019年）、"Young, Fearless, Awesome: Twenty-Five Young People who Changed the World"（未邦訳：世界を変えた25人の若者）などがある。

●イラストレーター

シーズン・オブ・ヴィクトリー　Season of Victory（リンダ・バリツキー）

イラストレーター、グラフィック・デザイナー、アート・ディレクター。ダイナミックな色使い、サイケデリックなパターン、大胆なイラストを組み合わせた意欲的なスタイルで高く評価され、世界的な有名企業やスタートアップ企業などと意欲的にコラボレーションを発表している。アメリカや日本で活動した後、現在の拠点はイギリス・ロンドン。
https://www.seasonofvictory.com/

●アドバイザー

スー・サンダース　Sue Sanders

LGBTQ+の権利活動家。ハーヴェイ・ミルク・インスティテュートの名誉教授で「スクールズ・アウト UK」（http://www.schools-out.org.uk/）の共同代表を務める。LGBT歴史月間の提唱者にして、オンライン教材「ザ・クラスルーム」の考案者。LGBTQ+の人びとの権利のために幅広く活動している。

●訳者

櫛田　理絵　くしだ りえ

滋賀県生まれ。早稲田大学法学部卒業。在学中、人権NGOアムネスティ・インターナショナルでボランティア翻訳に携わる。訳書に『ぼくとベルさん　友だちは発明王』（PHP研究所／第64回青少年読書感想文全国コンクール課題図書）、『紛争・迫害の犠牲になる難民の子どもたち』（合同出版）などがある。日本国際児童図書評議会（JBBY）会員。東京都在住。

イラスト　シーズン・オブ・ヴィクトリー

装丁　宮越里子
組版　本庄由香里（GALLAP）

HAVE PRIDE

生きる! 愛する! LGBTQ+ の2300年の歴史

2022 年 9 月 5 日　第 1 刷発行

著　　　者　ステラ・A・コールドウェル
アドバイザー　スー・サンダース
訳　　　者　櫛田理絵
発　行　者　坂上美樹
発　行　所　合同出版株式会社
　　　　　　東京都小金井市関野町 1-6-10
　　　　　　郵便番号　184-0001
　　　　　　電話　042（401）2930
　　　　　　振替　00180-9-65422
　　　　　　URL　https://www.godo-shuppan.co.jp/
印刷・製本　株式会社シナノ

■刊行図書リストを無料送呈いたします。
■落丁乱丁の際はお取り換えいたします。

本書を無断で複写・転訳載することは、法律で認められている場合を除き、著作権及び出版社の権利
の侵害になりますので、その場合にはあらかじめ小社あてに許諾を求めてください。

ISBN978-4-7726-1495-5　NDC209　243 × 187
© Rie Kushida, 2022